用心祝福
The Heart of Blessings
（增订版）

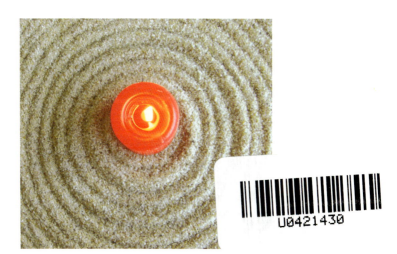

林幸惠/文·摄影

每天祝福自己，
也给他人多一点祝福。
祝福会让生命充满正面的能量。

复旦大学出版社

目 录

序　媒体的责任与祝福　/　8
自序　每个人都需要祝福　/　11
十项祝福法则　/　14

一、知恩报恩增福篇

1. 行孝不能等　/　18
2. 每天补修学分　/　18
3. 孝顺的孩子有福　/　20
4. 跨越时空的母爱　/　23
5. 敬老的小摊　/　25
6. 行善要及时　/　26
7. 身残心不残　/　28
8. 扫地与扫心地　/　30
9. 善行的效应　/　31
10. 见苦知福　/　34

二、为孩子的幸福铺路篇

1. 每天都要祝福孩子　/　38
2. 留钱给孩子不如留德　/　38

3. 重视品德胜于学识 / 39
4. 父母放心，孩子才能安心 / 40
5. 宽容而非纵容 / 41
6. 身教重于言教 / 42
7. 挫折是坚强的老师 / 44
8. 为孩子求福，不如教导孩子惜福、造福 / 44
9. 给孩子一个最好的自己 / 45

三、简朴至福篇

1. 物质的减法与快乐成反比 / 50
2. 无欲则刚 / 51
3. 享福就是消福 / 52
4. 清淡蔬食救地球 / 53
5. 用科技测量福气 / 54
6. 长江第一湾 / 58
7. 单纯的信念 / 60

四、在工作中用心祝福自己篇

1. 让工作附加价值 / 64
2. 把学习变得有趣 / 66
3. 真金不怕火 / 66
4. 工作是奉献的机会 / 68

5. 有效率才有实力 / 70
6. 管理自己的整洁与时间 / 71
7. 尊重合作时的和谐 / 72
8. 承担错误 / 73
9. 配合但不是取悦 / 73
10. 承诺要有信用 / 74
11. 唤起正面思考 / 75
12. 创造机缘 / 75
13. 每天多做一点 / 77
14. 积极自动自发 / 77
15. 专业还要用心 / 79
16. 找出脱困的能力 / 80
17. 调整方向 / 81
18. 改善要快 / 81
19. 充分发挥想象力 / 82
20. 找出生命中的对手 / 82
21. 启发对方的善念 / 84

五、千江有水千江月用心沟通篇

1. 人间最怕是冷漠 / 90
2. 感官知觉的表达祝福 / 93
3. 缩小自己 / 97
4. 怨亲平等 / 97

5. 随时鼓励对方 / 98
6. 信人有爱 / 98
7. 学习宽恕 / 100
8. 活着就要赞赏 / 102
9. 凡事感恩 / 102
10. 爱与关怀的陪伴 / 103

六、柳暗花明又一福篇

1. 以幽默面对逆境 / 108
2. 以智慧解套 / 108
3. 以风趣面对无法改变的事 / 109
4. 剪不断、理还乱 / 111
5. 挫败才有抗压性 / 113

七、态度决定祝福的深度篇

1. 看别人不顺眼，是自己的问题 / 116
2. 不能熟不拘礼 / 116
3. 遇事不先责怪人 / 117
4. 不担心别人取笑 / 119
5. 不计较、不比较 / 119
6. 怨恨是子弹 / 120
7. 还有十种毒素会污染心灵，让福远离 / 123

八、日出、日落都要用心祝福

1. 终生学习 / 132
2. 展现熟龄族的魅力 / 132
3. 走出去就赚到了 / 135
4. 化无用为大用 / 136
5. 做人要"学愚" / 139

九、多用心,祝福总在放下后

1. 放下成见 / 144
2. 放空超重的欲望 / 144
3. 放下贵与贱之价值观 / 145
4. 放下大小事的分别 / 146
5. 放下喜欢与不喜欢 / 147
6. 忍而无忍 / 148
7. 失去与拥有都要感恩 / 148
8. 真假不用辩 / 150
9. 与病痛欢喜言和 / 151
10. 无常是礼物 / 152
11. 缩短伤痛 / 153
12. 超越自己 / 156
13. 放下忧伤 / 158
14. 向未来借喜悦 / 161

十、福至心灵篇

1. 宁静致福 / 166
2. 热忱招福 / 166
3. 谦虚纳福 / 167
4. 内省进福 / 168
5. 忏悔见福 / 168
6. 虔诚接福 / 169
7. 耐心延福 / 169
8. 包容大福 / 170
9. 感恩迎福 / 171
10. 恒心成福 / 171
11. 付出富足 / 172
12. 知足有福 / 173

后记　感恩幸福的世界 / 174

序
媒体的责任与祝福

汤健明(台湾大爱电视台总监)

追求幸福是人生的目标,但幸福的定义却因人而异。对有些人来说,得到想要的东西是一种幸福,也有人说无所求的付出才是幸福。因此,幸福完全是由个人的心念而决定。

一切的意念由心念起,综观现今社会,人心不正,贪念四起,虽然科技进步,改变人类生活的条件,带来了享乐和安逸生活,但随之而来的文明灾难亦层出不穷。

在人类肆无忌惮地追寻人类幸福的同时,濒临瓦解的大自然生态系,已不再忍耐,而开始反扑。因此在满足人类贪念的同时,幸福已经悄悄地从身边溜走了。

很多人都说社会乱象的根源,媒体要负很大的责任,的确媒体正如清水一般,它可载舟亦可覆舟,它能快速毁灭社会，但也能拯救社会，如果发挥正能量，激发人性善念，让每个人回归清净的纯朴本性，人心净化，社会祥和，天灾人祸就会减少。

有一天，在路上遇到了以前商业电视台的老同事，我们开心地聊起往事，我记得他是个老烟枪，总是烟不离手，可是我们聊了半天，却没看到他手上的烟，我好奇地问他，你终于戒烟了？！他立刻回答说，不是他烟戒了，而是老远看到我就赶紧把烟丢了，不想被我看到，"因为大爱电视，每天都在祝福观众，改变坏习气，你现在负责大爱电

视，遇见你，我不得不赶紧放下香烟了。"原来电视的形象也能形塑个人的认同，并影响态度与行为，我相信他放下而改变的能量，就是在祝福自己。

媒体为我们的生命提供了许多参考的幸福坐标，因此每一个电视出现的画面，都应该把大众的利益放在首要位置，让坐在电视机前观赏节目的观众，能透过电视，开阔视野，让生命兴起一种乐观的态度，寻找到人生正确的方向。证严上人曾循循告诫我们，新闻要报真导正，让观众有正确的人生方向，戏剧要有苦集灭道，让观众能见苦知福，进而启发悲悯之心，社会才能祥和，灾难才可遏止。

有许多观众就因看大爱电视而转念，学习改变自己，祝福别人。世事虽然不见得尽如人意，生活也没有梦想般的快乐，但祝福是用生命的本质，去祝福生命的自身，就不会再有任何矫饰与挣扎。只要祝福时时活存在我们的心底，成为我们生命的一部分，我相信无论面对任何的困境，生命仍可富于力量。本书见证的许多人、物都是要提醒大家，幸福不难找到，只要你心宽念纯，少欲知足，它就会在你身边！

自序
每个人都需要祝福

我们必须承认,人与人之间的亲密情感,是每个人内心深处所渴望拥有的,无论地位的高与低、贵与贱、富与贫、老与少,每个人也都希望被所爱的人祝福,而且是无条件的祝福。祝福能让空虚的心灵满足,能让惶恐不安的心得

到安抚，祝福是世间不可或缺的对人们肯定与重视的爱。

　　因为我们生活在同一个地球上，地球又是圆的，所以我们的距离一定不会太远。而且地球只有一个，大家呼吸一样的空气，生活息息相关。就像拉小提琴的弦，无论是高音或低音的弦，都共有在同一个共鸣箱里，它们声息相应，互相影响整个共鸣。人们的每个心念，也会释放振动，在天地的共鸣箱里，形成共振，如同人造业会形成共业，因此人人的心念，会影响天地。

人间行路，有太多的风霜雨露，大难来临时，无处可逃，也没有人能得以幸免。但在不停的动态中，福报灾祸也息息相扣。我们与其随波逐流，不如彼此关怀祝福，互相帮助。我们能做的、最没设限的，就是用心祝福，让世间有无限的可能。因此祝福别人与祝福自己同等重要。

或许我们日日忙碌，也不知道如何彼此表达爱，本书综合十项祝福法则、一百个方式的祝福，随时翻阅，随处可提醒自己要多祝福。也希望能透过本书，让您知道：有人在这里希望您活得好，您过得幸福，社会就会更多一分福，大家都造福，福会更大。无论何时何地，若能用心祝福别人，也常常自我祝福，相信世间幸福美好的未来可以成真，那是本书最大的祝福。

愿祝福永远都追随着您。

十项祝福法则

一、知恩并报恩

二、每天都要祝福孩子

三、少欲知足过简朴生活

四、用心祝福每一项工作

五、表达祝福与人沟通

六、感恩逆境是成长的祝福

七、感恩的态度是祝福的深度

八、出生与往生都要用心祝福

九、放下执著就会得到祝福

十、戒慎虔诚,福至心灵

一、知恩报恩增福篇

天地孕育万物，父母养育我们的身体，师长教导、社会人群相互照顾扶持，我们才能生存于世间。

人不能选择父母，当中的缘分是蕴含着心灵的成长，所以无法置身事外、不可忘本，要懂得知恩报恩，回馈所有的一切；孝敬父母，才能让内心圆润丰盈。透过自己的存在，身行好事、脚走正路，爱惜这块向子孙借来的土地，才能造就人间的净土福田。

1. 行孝不能等

人们也许终其一生,都不可能赚取足够让我们想用与享用的金钱;而为人子女者,金钱并不是回报父母唯一的方式,父母也不是只有金钱就能安心、快乐的。我们可以用心、用爱尽力而为,常回家或以其他方式陪伴他们,让自己不仅得到良心上的安宁,也给孩子们建立一个典范。钱永远没有赚够的时候,但人的生命却有尽头时,千万不要给自己寻找等候的理由。

2. 每天补修学分

家住台南市的万坤阳,去年二弟意外往生,父亲悲伤不已,因而投入慈济。就在疗复中,父亲又因工作发生意外,需要动大手术。呆站在手术房外的坤阳,回想起平常与父亲的互动，懊悔自己从未向严肃的父亲说过爱与感恩，甚至二弟往生时，眼睁睁地看着父亲的悲痛，也未曾安慰过。他心想再等一等，以后工作上较有空当再来陪他。

现在他很懊悔、愧疚，万一老天要带走父亲，还会有时间等候他吗？坤阳忏悔地跪下来祈祷，希望上苍给他机会，让他弥补行孝。慈济的师兄姊也一起陪他，虔诚地念佛祈祷，奇迹似地，父亲居然活了下来，但失去了记忆与语言，只认得证严上人的法照，像个十岁的孩子般，凡事

行孝不能等，钱永远没有赚够的时候，但人的生命却有尽头时，千万不要给自己寻找等候的理由。每天都要用心加福加分，赶紧补修学分。

须从头学习。除了家人，父亲最熟悉的就是穿着制服的慈济人了。为了帮助他做复健以及恢复记忆，万太太常带公公来到环保站，教他做简单的拆解和分类，就像带孩子一般，一个步骤一个步骤慢慢来。

每个休假日，任教职的坤阳都会回家，还利用学校课少的星期三晚上赶回来陪伴父亲，隔天一大早再赶回学校；回家帮父亲剃胡子，陪父亲散步做环保。每趟要两个小时的路程，他不觉得辛苦，还说很感恩这一场意外，让他及时体悟到行孝不能等，虽然一切还得从零开始。"每天都要加紧补修学分。"他说。

百善孝为先，行孝不能等，每天都要用心加福加分，赶紧补修学分。

3. 孝顺的孩子有福

来医院当小志工的年轻孩子们，在病房里认真地唱歌比手语,当唱出"幸福的脸"那首歌:"幸福就在你身边,怎么一直看不见……"给病患听时,有一位妈妈竟然忧伤地流下泪来。

原来她的儿子退伍两个月后,发现脑膜炎,送来医院时已昏迷。当时孩子的妈妈、阿公、阿嬷们,不断拜托医师一定要抢救这个孩子,因为他的父亲已经往生,母亲很辛苦地才把他拉拔长大。这位二十六岁、昏迷了近一年的儿子,在母亲无微不至的照顾下,好不容易清醒过来了,大家都雀跃万分。但是醒过来之后,他的烟瘾又犯了,他急着想出去抽,可是母亲不允许,况且身上还在打抗生素,于是他不停地按铃呼唤护士,想把点滴管拔掉,并且大声地谩骂母亲。

志工过来关怀他,阻止他,甚至跟他说:"骂妈妈的孩子是没有福的!而且这一年来你母亲这么辛苦地照顾你,我们都看得很心疼,你怎么没感恩反而对她恶口相向。这是理所当然的爱吗?不值得感恩吗?"

这时候隔壁病床比他年纪稍大的萧大哥,也忍不住说话了:"你知道吗?我以前也和你一样坏,说不定比你坏得更彻底。"萧大哥诉说着他的故事:"我读到高一就不上学了,每天在外面追寻玩乐。整天伸手向父母要钱,要不到就破口大骂。当兵时还把家中的摩托车偷骑出去玩,有一天工具室的同袍借了车,却没有如期归还,我非常生气,正握起拳头要挥出去,他拿起电钻就钻向我的头颅了。因此,我昏迷了三个多月,一只眼睛失明,右半边的手脚都不能动了。但是醒来时,看见爸妈辛苦地照顾自己,妈妈无怨无悔地把屎把尿,我知道自己错了。于是把军队每个月的生活费,全数交给父母处理,不敢再向父母伸手,也知道向他们说感恩了,也许是老天的庇佑,现在总算双脚都可以走路了。"

萧大哥更肯定地说:"师姑说的没错,我们不要忘记,这不是理所当然的爱,要表达感恩、报恩。不然是会没福气的,会遭天谴的。何况证严法师说孝顺的孩子最有福,这事我的感受最深。"那位小老弟,终于静默不再叫嚷了。于是小志工们一起向他的母亲说:"感恩妈妈,我爱您!"叫他也照着再说一次,他的母亲欣慰地热泪盈眶了。

我相信,发现感恩与报恩的能力,这是人生中,下一个驿站幸福的资粮,也是今生今世的心安与快乐。

4. 跨越时空的母爱

二〇〇八年五月,四川省的大地震,在被震垮的瓦砾废墟里,哀鸿遍野的苦难中,有几个故事一再流传,让人再三低回不止,久久无法自已。

一位伟大的母亲,弓着背护住只有几个月大的婴儿,

感恩上天,赐予父母给我们,让我们领悟爱,不要让父母等待,要记得回报父母的爱。

自己早已气绝身亡。因为妈妈的身体帮他挡住坍墙，婴儿竟然毫发无伤，被抱出来的时候，还安静睡着。

抢救人员解开婴儿的被子，发现有一只手机塞在被子里，手机上的荧幕显示着已写好的简讯："亲爱的宝贝，如果你能活着，一定要记住我爱你。"舍命护子的母爱多么伟大！即使肉身已坏，母亲的爱却是跨越时空而不朽。

还有，救灾人员从倒塌的房墙中，小心地拖拉出一个十多岁的小女孩时，只听得小女孩虚弱地说："请不要弄断我的腿，我还要奉养父母。"那样固守孝道的悲怆，让人真想给她——有一个世纪那么久的拥抱。

> 永保感恩心付出的人，比较不会陷入绝境。
> ——证严上人静思语

5. 敬老的小摊

有一家卖馄饨的小摊,生意很好,经常都得排队。

我第一次加入队伍,轮到我时,老板问我是买给谁吃的,我说孩子,但我反问他,这有何差别?他说只要是买给父母、公婆、长辈的一律免费。我很惊讶又疑惑地:"这样你不怕赔本吗?"他叹一口气说:

"这年代孝顺的人少,往生的人多,我已失去孝顺的机会了。有人替我孝敬天下的老者,感谢都来不及呢!"

"你不怕被骗吗?"

"人人都有良知,若他无法尽到孝顺的义务,吃下的馄饨,起码会让他种下该孝顺、敬老的心意。"

这年代孝顺的人少,"老吾老以及人之老"的人更少,看他辛苦地煮汤弄馄饨,没有个人图利的概念,只有默默地在鼓舞社会上,珍贵又已经式微的价值观,我真是忍不住合掌给他深深地一鞠躬,竖起拇指按一个"赞"啦,要培育每个家庭的敬老、爱老气氛,除了从个人做起,追求自己本身的幸福外，更要推广大家的幸福。

6. 行善要及时

行善也有因缘，一旦错过就来不及了，因此要把握住因缘。人类生存的希望是来自于互助的因缘。许多企业家常说，是因为"祖上有德"，才能有所成就。行善除增进内心的快乐外，也是对自我品德的提升。

曾经认识一位花莲慈济大学的孩子，有一天来请我帮忙，希望我能打电话给她的母亲，带她出来做志工，因为她是单亲家庭，而且学校离家很远，无法常回去探望。她担心母亲一个人在家会很闷，相信做志工可以让她心情开朗。可是她母亲远住台中，我思索着如何能让台中的师姐过去帮忙，耽搁了一星期，我才打电话给她，没想到她的电话响很久，她来接时，大声地哭泣说我是她的救命恩人，因为她正打开窗户，准备跳楼，但电话响个不停，很吵，

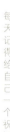

千钧一发之际,她终于接了电话。好险喔,如果我再慢了一步,真会造成终生遗憾。救人如救火,此后我对于可以帮助别人的事,决不敢犹疑,赶紧做就对了。

千里之行始于足下,为善造福也从一念心起;善行会创造许多快乐的机遇,让心灵富裕。善行是人类通用的语言,盲人"看得到",聋子"听得到",他们的心如明月、温柔祥和,可以慈悲地听到他人的需求,福报会追随善行而行。证严上人常教导我们,不仅要帮助受灾者物质匮乏的贫困，更重要的是让受苦受难者，也感受到真诚的关怀，进而开启心中的爱，有朝一日他们也能从接受帮助者，转变成为施予者，这才能真正造就社会善的循环。

> 行善要及时，功德要持续。如烧开水一般，未烧开之前千万不要停熄火候，否则重来就太费事了。
> ——证严上人静思语

7. 身残心不残

几年前，在南京东路街角蹲着一位年轻人，看起来身体只剩一半，只有手，没有下半身。他戴着帽子，前面放置一个纸盒，像是让路人投钱。

我远远地走过去，突然，想到自己是慈济的委员，怎么对别人的悲苦，可以视而不见？于是转身走回来，蹲在他身边,问他的年龄,问他有什么需要帮忙的,也许我们可以长期资助,就不用他这么辛苦,任风吹雨打,来这儿乞求别人援助。

他清秀的脸孔,展开了动人的笑容,他指着旁边摆放的一张简报,吃力地说:"阿姨,多谢你,这张简报有写,我十五岁,我不需要帮忙,我的生活已够用,只想做点事。所以说服父母,每天背我来这里,坐几个钟头。我所有得到的钱,都要捐赠给慈善机构。我不知道自己的生命还能撑多久,趁着还活着的时候,多做一点好事,大家看到我的样子,多少都会捐钱给我;年轻的朋友看到我,也能体会自己要知足、感恩,不敢再奢求什么了吧。与其在家漫无目标过日子,不如来此,启发别人的善心善意。我能做的,也只有赶紧用身体的残缺,回报这世间做那么一点点的奉献。"他话说得很结巴,但我已被震撼得热泪盈眶。

这时,有人陆续来投钱,我赶紧离开现场。我很扼腕没问他的地址或电话。因为,我几乎每天都路过那儿,但可惜已看不到他的身影了。

他怕生命来不及,只能天天请托父母背他来街头托钵行善,他那健康的心灵比四肢健全的人还要健壮。人应该是"什么",才能做什么吗?作为一个人,活着不是只有适应社会与环境而已,更重要的是为社会做一些有意义的事,我们常忘了自己,其实也只是暂时存在而已。趁着还来得及,赶紧付诸行动做好事,来回馈短暂的生命吧!

8. 扫地与扫心地

从前在美国的中国城,最让人感到遗憾的是它的脏乱,满地垃圾的酸腐味,让人感到颓唐。

慈济曾发动多次扫街,家父母也曾参与。第一次上街打扫时,街道上的店家很难相信会有人帮忙扫街道,所以就请他们稍候,然后把家里的垃圾也一并拿出来倒。第二次再去扫时,有店家就准备茶水让大家喝。第三次就很不一样了,许多店家们远远地看到打扫队伍,就赶紧拿起扫把,把自家门前先扫好,然后说:"我们家门前已扫干净了,不用麻烦你们了。"第四次,他们拿起畚箕、扫把,跟着队伍一起扫着大家共同的街道了。

扫地,清扫心地,扫除蒙尘,也扫出别人清净本性的善与爱。

行善可以带动且影响别人,内心若净化,社会就祥和,那是回报天地之恩最好的礼物了。

9. 善行的效应

几年前美国《时代杂志》票选"全球百大最具影响力人物",其中有一位陈树菊是台湾人。大家都很好奇陈树菊女士是谁?后来才发现她是台东中央市场的一位菜贩,过去二十年来她不间断地行善,累积的捐款已经有一千多万元(新台币)。

当消息披露出来,大家才恍然大悟,不是只有企业界的大老板,才有一掷千万元的捐款能力,没想到一位市井小民的爱心，也可以累积一千多万的捐款。那时候，人人都耳语着，其实台湾很不错，是充满爱心人士的宝岛。

行善的事迹就像是举起一把火炬，别人可以从那里引燃他们的火，让火慢慢延烧开来，而得到更多的光明。果然前阵子又有一则新闻，新竹一位八十八岁的荣民（自大陆来台湾的退伍军人）胡伯伯，他认为一位卖菜阿嬷都能有这样的善行，自己应该也做得到。于是他把平日省吃俭用所存下的一百万元——那是他每个月省下来的棺材本——他把它捐出

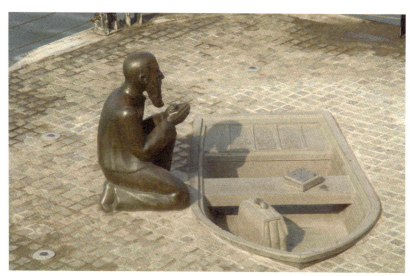

看到马偕牧师的雕像，想到他千里迢迢来到异乡台湾，为不认识的人服务，奉献一生，行善会引领我们打开自我局限的空间，让爱涌现出来。

来当作军眷子女奖助学金。胡伯伯说钱财生不带来、死不带去，如果能够流传出去，变成爱的力量，这些钱才有意义。这样的故事被报导了，现在世风日下，台湾无以为宝，以善为宝。

许多的善行，都是因为媒体传播，扩大了善行的效应。我曾在精神疗养院的大厅里，在等候病患时发觉，他们正在看的电视新闻却是：对社会名人行径的质疑，提出对事件的负面看法，还有对政治策略的批判。我想无病的健康人，看了都不免烦忧，更何况是忧郁症的人呢。

证严上人曾说，电视新闻必须要报真导正，导正社会风气，启发良善人性。

我相信，如果媒体能多多报导善行的新闻，其延伸而扩大的效应，是启发更多的善念，更多的善念共聚，社会一定祥和。

> 人行善，就是向老天存款；享受，就是向老天提款；行恶，就是向老天贷款。

10. 见苦知福

天灾无情,但是人间有爱,爱也是令人活下去的原动力,更是苦难人的心灵安慰。

美国的虑瑢师姊,到四川赈灾八天和灾民们相处,是她终生难忘的经历。当她亲自踏上这块受伤的土地后,惊吓地看到地震后处处断垣残壁、屋坏路毁的惨状,更不舍得是孩子们天真无邪的脸庞,露出沉默、不安,但强忍悲痛、强颜欢笑的神情。

灾区另一番令她惊讶的是学校倒塌,受灾的孩子们也来当志工,帮忙送热食,穿梭在灾区,殷勤地服务乡民,乡民们都很感动,小志工们说,只有来此服务才能忘记哀痛。已罹难的两位高二同学的母亲,来到慈济帐篷的义诊区,提起儿子都哭成泪人儿——再也唤不回儿子,也找不到遗体。两位母亲常常互相扶持,互相倾诉,共同回忆,共同思念自己唯一的儿子就要升高三了,他们都是父母心头的肉。还好有大家彼此相濡以沫的爱,相信是早日走出伤痛和阴霾最快的方法了。

虑瑢师姊说，总是无法忘掉四川的好山好水，那一片片绿油油的稻田，多么像故乡的乡间，同样的稻田，却是不同的命运；同样的好山好水，却是不同的心地风光。两岸真的分不清、厘不断的谁是谁非。原来这就是证严上人所说的血浓于水的感受。

天地孕育万物没有差别，人世间福祸无常，千差有别。感恩此次的因缘，让她感受到，原来自己也有能力去帮忙，原来，苦是佛法的真理！当她真正投入了解后，才能体会到"见苦知福"。

> 我们同舟共济、同住在一个地球，以一念虔诚的心，为所有的生命祈祷，为苦难中的他人祈祷，人人发出至诚的爱，共同祈求天下无灾无难，日日夜夜的祈祷，这分善念的声波会共振，爱的效应会扩大，可以上达诸佛听，让天下人人都平安
>
> 有感恩心，自然有爱心；有爱心而能付出，定是有福人。
>
> ——证严上人静思语

二、为孩子的幸福铺路篇

常常祝福孩子。

教导孩子学会感恩与爱,

学习与人相处的态度,是开启幸福之路最重要的基本功夫。

1. 每天都要祝福孩子

每天只说建设性的话,帮助孩子找出他的禀赋。帮他培养兴趣,兴趣与禀赋不一定相同。若要求完美会让学习产生恐惧与延误。

> 叛逆期是孩子的人格特质即将成形,需要祝福。

2. 留钱给孩子不如留德

病榻旁,常看到遗产的争夺,而让家属变家敌,甚至于因分配不公,而不让遗体火化。留下好习惯,多行善事,向老天存功德款,孩子一定用得到。

> 古训常说:"祖上有德,庇佑子孙。"

3. 重视品德胜于学识

前不久，到美国参加一位好友女儿的婚礼，遇到了几位哈佛毕业的高材生，个个聪明伶俐，看起来自信满满，让我好生钦佩。回来后，聊起此事，证严上人听了之后，马上叮咛我："人的品德比学识重要！"

学识也许能发挥功能，智慧才能发挥良能。

真正的人才，中国人称为"德才兼备"者，是"德"为首，"才"次之，有才无德之人恐怕其反作用比平庸之辈要大得多。

善行与坚毅是美德的最高体现。教孩子克己复礼的美德，比万贯财产还重要。因为将自己的价值观和行为准则教给孩子，只是信念的传达，但孩子学到的却是父母的生活方式。

> 与善良的人们相处，智慧得到开启，情操更为高尚，灵魂变得纯净，心胸更加宽阔，不必设防，容易一点就通福。

4. 父母放心，孩子才能安心

有位担忧的母亲来请示证严上人，她的丈夫出口都是恶言，曾对孩子说："像你这种孩子也会出息，那天地就会变色！"因为言语具有力量，说出来就可能会成真。所以她很担心会影响孩子的前途。证严上人微笑地安慰她："天地天天都在变气色，所以你的孩子一定会出息的，放心吧。"

> 爱你的孩子，与其担心，不如用祝福的心；父母放心，孩子才能安心！
> ——证严上人静思语

5. 宽容而非纵容

许多父母把孩子捧在手心上，怕他冻着、怕他饿着、怕他摔着、怕他被欺负、怕他太辛苦，其实这种过度的保护，只怕会让孩子更低能、更依赖、成为生活的白痴，而且更不知如何面对人生的挫折，千万别用粘胶似的爱，把孩子束缚。

也许因为自己小时候曾经很辛苦,便尽量让孩子不再吃苦,但人生不如意十之八九,长期在父母羽翼下成长,一旦到该进入社会的时候,却丧失做抉择的能力与勇气。他们通常缺乏自信、人际关系孤立,不肯面对由校园转换到社会的挑战。即使父母有能力足够养他一生,若成为终日无所事事的"啃老族",不懂得生活的价值和意义,他的人生更是荒芜,没有幸福感,更找不到快乐,其实也造成社会负担,这样的爱,也许会是害了孩子。

> 对孩子要宽容而非纵容,舍不得孩子吃苦,将来他会更苦!

6. 身教重于言教

有一句话形容:"父母是孩子的模、老师是孩子的样",

好的模样影响着孩子的一生。

孩子的成长需要启发,也需要管教,需要规矩。

孩子需要培养自信,也需要学习自省。

孩子不是反对父母的教导,而是反对父母教导的方法跟态度。

孩子是父母的镜子,不是让父母盘算的棋子;做给他看,而非叫他坐着听!身教重于言教!信任孩子,较能够激起孩子的责任感和自信;惩罚失败,较容易挫伤孩子的创造力。

7. 挫折是坚强的老师

培养孩子面对挫折的复原力,是人生幸福的关键能力。经过挫折而能重新站起来的孩子,比较坚强,像钢珠,不畏惧风雨。受过度保护的孩子像草莓,经不起风霜与磨练,父母不放手,小孩不放胆,他们错过人生关键的试炼,就是七老八十了,心里仍会在青少年阶段徘徊。

记得有位智者说:"从天堂掉到地狱,很顺,直直地落下,没有阻碍。从地狱要爬上天堂,很辛苦,因为要越过许多障碍。"

8. 为孩子求福,不如教导孩子惜福、造福

种一念爱心的种子,心中有爱,人见人爱。成长

在一个积极夸奖、正面回馈的环境，会激发孩子的自信，懂得回馈的孩子，会知道感恩与报恩。让孩子从小学习垃圾分类、资源回收，更能培养孩子惜福爱物的品德。

现代的孩子将拥有更多的选择，所以必须学会管理自己。要培养他们的责任心、自主选择的能力及判断力。

> 自己的孩子教好不算好，别人的孩子也教好，才是真正的好。
> ——证严上人静思语

9. 给孩子一个最好的自己

住台东因截肢而坐轮椅的蔡爸爸，他天天梦见儿子，心心念念想去看已十五岁的儿子，于是几位志工们，帮忙推着轮椅一起陪伴他到花莲的启智学校,原来他的儿子宗育是小脑萎缩症的罹患者,不仅言语无法表达,身体的活动能力也很弱。当他坐在轮椅上,看见爸爸也坐着轮椅进来,而且少了一截脚时,哭得好伤心!

蔡妈妈也因罹患小脑萎缩症很早就往生,蔡爸爸一直都很努力工作养育儿子,直到常无故昏倒、脚掌开始泛黑,到医院检查时,才发现他有糖尿病。医师仔细检视伤口之后,遗憾地说:"你的脚需要从脚踝处截肢,否则性命会不保!"

蔡爸爸对着儿子说:"你不要再哭了,医师是为了救我的命才这样做,要不然,我今天也没命来看你了。现在,你举个手、动动脚让爸爸看看。"宗育很努力地把手举至胸前,脚也稍微挪动一下,爸爸就高兴地说:"你好棒,我梦到的就是这个样子!"

蔡爸爸强忍住泪水,摸摸孩子的脸,牵牵孩子的手,还凑上前闻一闻,接着欣慰地说:"你香喷喷耶!"父亲慈爱的面容表露无遗。志工们帮忙推两台轮椅,让这对父子一起绕着校园,他们一路上手牵得好紧。他担心儿子是否被照顾得周全,如今他是安心了。

志工对宗育说:"你笑给我们看,我们把你的笑脸拍下来，送给爸爸放在床头，有你的笑容陪伴，你爸爸一定恢复得更快。"宗育这才挤出了笑容。

在旁看到这一光景的另一位志工陈师兄，很感悟地说："我再也不敢要求儿子要多好，能健康地活着就很感恩了。"

推着轮椅离去时，只见蔡爸爸频频回头，宗育目送着。当车子启动、缓缓前进时，看得出来宗育很想挥手道别，但却无法动手举高。

回程时，蔡爸爸很乐观而且自信地说："很感恩，我们已经得到慈济很多的照顾，等我的伤口复原，就能帮人拔草赚取生活费，宗育虽然也被照顾得很好，我还是要靠自己的能力养育儿子，有一天，我要自己下厨煮给他吃，能过这样的生活我就很幸福了！"

人间悲苦何其多，一位残障的爸爸，和一个小脑萎缩症的儿子，他们相会的画面，真会令人心疼不已！有时候，父母无法给孩子一个健康的身体，但我相信——

给孩子最好的礼物是给出最好的自己。

三、简朴至福篇

回归简朴生活,"简"需要智慧,"朴"是要用在生活。有简朴的心,才有自由的心情、不受物欲的牵绊,没有价值观的批判,生活简单,心灵自然丰富。

1. 物质的减法与快乐成反比

具有简朴品质的人,生活起居简化,舍弃杂念,能回复纯真善良的本性,有爱惜生命与物命的心,才会对每个人付出真诚的爱心与关怀,进而为社会带来福祉。生活中拥有的愈少,担心的事也就愈少。拥有的愈多,当然会

担心失去的愈多。物质生活的减法，会带来精神快乐的加法。

2. 无欲则刚

能自我节制者才是有最强的本能。所谓无欲则刚，就是一种克制自己的功夫。能够克制住自己的欲望，无论在任何环境中，始终如一，不轻易改变，这才算是真正的刚强者。在生活中：

食：不挑美食，不贪零嘴，七分饱，少吃多滋味。（就不用减肥！）

衣：惜福爱惜物命，少购买多回收，气质才是最高级的装饰，简单干净就是品位（买书比买名表或名牌衣物更有价值），证严上人说："美不是在外表，是在内心。"

住：省水节电、早睡早起，养成不做夜猫子的习惯。

行：减少碳足迹，走路、骑脚踏车，可以走得到就不搭电梯，乘坐公共运输工具，阻止暖化效应（取代健身房的跑步机）。

量入为出：不良的花钱习惯，导致收入从个人欲望中流失！以智慧判断想要的与需要的差别。

3. 享福就是消福

最快乐的人不一定拥有最好的东西，但一定是能充分利用已有的东西，不会浪费。人生若只追求五高：高级职位、高级服装、高级住宅、高级轿车、高级饭店，可能就会患五高症：高血脂、高血压、高血糖、高尿酸、高胆固醇。

有一位学佛的年轻朋友在旁，悄悄地说："这是因为享福就是消福，好景不常，福报总会用完的，福报用完，业障就会现前嘛。"

古人言："富贵不长久，善行万代留。"人生有比消费更重要的事，就是要给予，不只是得到。

4. 清淡蔬食救地球

人养牛，牛养人，人却吃牛肉。不应为一时的口感，杀了其他的生命。短短一生中，到底吞食了多少生命？蔬

生活中拥有的愈少，担心的事也就愈少。拥有的愈多，当然会担心失去的愈多。物质生活的减法，会带来精神快乐的加法。

食可以抗暖化，为地球降温。

随时小心自己的消费形态，是否造成地球的负担与负面影响。明天过后，不要让自己成为环境难民。

地球，天天发烧不退，已经病入膏肓，应该想办法救亡图存，这已经刻不容缓了——只因人的心灵环保没做好，人心贪婪不断消费，过度使用地球的资源。唯有从个人做起，提倡克己克勤克俭克难，回归本性的单纯、清净，才能让地球回复健康，让下一代的子孙平安地存活下来。

5. 用科技测量福气

科学与宗教二者不约而同，都是以增进人类的幸福和谐为目的。虽然都对人世间事物有不同的认知和主张，因此在基本的原则上是泾渭分明的。宗教，是人类对自身及外部的问题，提供解决的方法，是用精神的力量在观照世界。而科学则是以观察到的事实，将不可知变成可知，以

实证为基础，进而成为知识。

可是有些时候，觉悟的宗教家，看法超过一般人，在概念上常常走在前面，让人不得不佩服。

有一次，听到一位科学家的演讲，他是一位极负盛名，做基础理论的医师，他体悟到的现象，让他对宗教有不一样的看法，他开场白就说："我们的工作，终其一生都在探讨真理，寻求真相，当努力地爬过这座山坡，快到山顶时，常会令人难以置信地发现，宗教家早已证悟了这些事项，轻松地坐在山顶等待了。例如多年来,佛教一直在宣导吃素,除了不贪求满足个人的口欲之外,也是对其他生命的尊重。直到近年来地球的暖化,生态的不平衡,科学家们也证实到吃素确实可以减少碳足迹,间接降低地球的暖化,现在许多单位,也在鼓励大家周一吃素或每日一素,让大家逐渐改变饮食的习惯,以解救地球的生态。这些宗教家们早就证悟了……"

另一位专门研究自律神经的医师也指出,最近美国有名的医学杂志,刊登了一篇研究报告,经实验证明:吃素可以让副交感神经功能更好,那是治疗失眠与忧郁症很好的方法之一。

气候极端的变迁,未来的日子,还会有什么样的变化,相信气象家也是无法准确地预测。可是,证严上人带领大家亦步亦趋地,要敬天爱地,戒慎虔诚,用感恩的心,多帮助别人,转恶为善,因为善念共聚,地方才能吉祥。这样的概念观点,如果还能有科学家的及早验证与测量,相辅相成,也许就可降低天地的灾难,更能减少人间的苦难了。

爱因斯坦曾说:"没有宗教的科学是跛子,没有科学的宗教是瞎子。"

证严上人说:"宗是人生的宗旨,教是生活的教育。"是不可或缺的现代科学化教育了。

我相信有信仰的人生,容易接受现实,比较不会怨天尤人,容易抚平情绪,因为宗教一切的实证都回归到心,心是万物之源。

聪明的人可以折服别人,有智慧的人却能摆平自己的物欲享受,让生命更有宽度与厚度。

> 人能够死而不朽,精神永在,慧命长存,不是因为个人的成就,也不是拥有的比别人多,而是帮助过多少人,改变了多少的人生,影响更多人成为好人,让人世间充满了福缘。

6. 长江第一湾

在美国政治、医疗界都满有成就的林元清医师,有一次全家去长江三峡旅游,他看到了长江第一湾,突然福至心灵地领悟到自己的人生目标,于是改变了他的生涯规划。

长江原本与澜沧江、怒江并肩在深谷中穿行,但在丽江县石鼓镇,长江突然折向东北,形成一个壮观的U形大弯曲,人称"长江第一湾"。

他以为这一生名与利都双收了,他的生活也可以与澜沧江、怒江、金沙江一样,虽然短暂,但可以平凡地奔流出海,吃喝玩乐享受后半段的人生。可是长江决定转弯,

让他震撼。长江转弯继续流向中原，润泽许多苍生，滋养更多的生命，成为世界上最长的江河之一。

因此，他决定学长江转弯，过不一样的生活，利益更多苍生。他要到慈济学习过简朴的生活，当志工。

他是知福、惜福、再造福，能反思评估自己的生命价值，不再耽溺于物质的享受，把生命扭转成一个提升自己的精神境界，真令人感佩。聪明的人可以折服别人，有智慧的人却能摆平自己的物欲享受，让生命更有宽度与厚度。

7. 单纯的信念

人世间许多深奥的哲理,其实都在简单的信念中。

阿金与阿英是常以摩托车互相搭载的慈济环保志工,经常到各处去捡拾塑胶瓶,回收资源。有一天在路上,被一部卡车撞到了,两个超龄的老人都受到轻重伤的骨折,必须住院开刀。阿金听医师说开刀后,还要休息三个月,便很伤心地哭了起来,医生劝她:"这不会有生命危险,而且休养后,又是一条龙了,有什么好伤心的呢?"阿金很忧愁地说:"那我的环保工作怎么办?"

医师就半开玩笑地跟她说:"像这样的景况,你还只想到做环保志工喔,那你有没有职务代理人呢?"阿金很认真地回答说没有。

这时候肇事的司机刚好进病房来,鞠躬道歉地一再赔不是,说都是他的错,还说他愿意赔偿费用,负起一切责任。阿金突然灵机一动,很欣喜地向司机说:"你不用赔偿任何钱财，只要你用你的卡车去载回收资源，做我们两人份的环保工作即可。"惊愕的司机，频频不解地点头。阿金放弃了物质上的补偿，而去交换自己当志工的工作了。

当她的亲友问阿金，为什么呢？脑壳坏了吗？金钱不是可以做更多的事？阿金说抢救地球，只有这件事是她认为最急迫的，而且是她最开心的工作，有人能代替做，那比金钱更让她高兴。

医生听说后，也很认同她："金钱，也许会制造更多的垃圾哩。"

他们拥有单纯的信念在自己心中，这样心念的光芒，照耀着其他人，让更多人的心胸开得更宽更大，在生命过程中留下的爱，照耀着每一段意想不到的路，喜悦之福会是源源不绝的回馈。

参与志工，守候人生的价值，是一种幸福的习惯。

四、在工作中用心祝福自己篇

在服务中,尽管具备了高超的工作技能,但有不良的工作习惯,会影响工作的效率或其他人的情绪,导致创造力难以发挥。在工作时随时养成好的习惯,相信可以激发自己的创意,不仅在工作上得心应手,天助人助,更能让福报源源不绝。

工作经验虽也重要,可是诸葛亮出山前,也没带过兵呀!有一些行动力如果能切实做到,会累积为习惯,习惯会转变为性格,性格就会影响命运,好习惯就会让好运天天都来报到。

1. 让工作附加价值

在工作中，多一点服务的古道热肠，增加工作的价值，会让自己物超所值，更好地发挥潜力。美国有一位送信的平凡邮差，貌不出众，也没有特殊的才能，可是就凭他的真诚和热情，影响和改变了其他人的人生——他常把别人送错的包裹捡起来，重新送达，并留字条说明来龙去脉；他还会把每一家的信件捆扎得整整齐齐，才送出去；还会代为保管客户不在家时的邮件。那样多用一点心的服务，得到客户的感激与感动，温暖了许多人的生活，他也得到升迁。这证明了工作没有卑微或被局限的，只有不用心于工作，以及看不起自己工作的人。

慈济从早期送贫困户衣物时，都会先调查好个案家人的尺寸大小，而且打包得整齐干净，让贫困户感受到用心的尊重与真诚的爱，以至他们后来有余力时，也懂得相继回馈，帮助需要被帮助的人。

多用一点心，回报的价值会愈丰厚。把自己做到最好，就有机会改善与提高自己的创造力，过真正有所贡献的生活。

多数人的失败,不是因为他们的专业能力不够,而是他们不够用心。

2. 把学习变得有趣

工作也是学习,学习是人生的乐趣,懂得当中创造趣味,就更能享受它。凡能创造者,上天会给更多的创意,不能创造者,会失去更多,因为没有善用上天的资源。工作是一种潜力发挥的机会,愈努力学习,工作愈有趣。

3. 真金不怕火

小福是慈大毕业的孩子,原本是一家公司的行销部主任,有一天他突然接到人事命令,调他去总务部当主任,大家都认为总务部的地位比不上行销部响亮,他认为那是公司对他不满意的调任。而且,以前做行销整天往外跑,很适合他的个性,现在担任总务,并非是他熟悉的领域,若要整日镇坐办公室,他的头脑会呆滞,无法适应。于是

他开始闷闷不乐,心灰意懒。他妈妈很担心,希望我们能给他鼓励。

"如果长期在一个部门,也会失去磨练、挑战自己的机会,每一个因缘都是好的机缘,到哪个部门不重要,重要的是问自己,有没有失去上进的动力。其实只要是真金,就不怕试炼,到哪儿都会发亮的。"我又送了几本励志书给他看。听说他后来一改消极的态度,很努力投入工作,让总务部在公司中拥有举足轻重的作用,他的出色工作成绩也得到肯定。不久，他又收到人事调度命令，被拔擢为公司的副总经理了。

不要跟职位比高比低，要跟过去的自己比进步！只要是真金，总会发亮的。

某天听到一位年长主管跟同仁说："永远不要因为这个工作不好而辞职，一定要是因为另一个工作更能发挥奉献才辞职。"

> 用心就是专业，工作只要多用一点心，专业能力就会多一点。
> ——证严上人静思语

4. 工作是奉献的机会

千万不要轻视自己的工作，一个无法意识到工作意义的人，只因生活所迫，得过且过，人生也会失去意义。

曾经坐上计程车，司机很卑微地说："像你们可以到处做好事、劝人为善，多么快乐。我开车，每天战战兢兢只为了生活，怕收入不够用，而且所赚的也只够糊口养家，也没钱留给孩子，简直没前途可言。"

"请问你每天载几位客人？"

"最少有二十多位吧。"

"如果每天都能有帮助二十人的机会，我们真的会更开心。有时候，为了要净化人心，自己还得花钱办茶会，到处找人来聚，希望多一些人来听幸福的道理；有时候还找不到二十位哩。你的机缘比我们好多了，每天只开车就可服务不同的人，大家乖乖地听你说话，你还有机会可以多说好话，劝大家多做好事，也许原本要做坏事的，搭你的车，听你一席话就改变了。你种了好因，你的下一代一定会有厚福，常听到那些名人都说'祖上有德，才有今天的成就'，留德给子孙比留财重要吧！有德就会遇到贵人，助你一把，无德就会遇到不良之友，骗财背债。所以说，你的工作比我们有更多机缘为社会奉献，为人间造福。"

服务并没有贵贱之分，关键在于看待自己工作的态度。只要勤劳，就会得到尊重；有努力，就有机会为社会奉献，有用心就会得到祝福。

5. 有效率才有实力

　　记得以前去参访一家大公司，老板带我们到处参观时，他指着办公室说，只要常看一个人办公室的桌面，就可以知道他处理事情的能力。在工作中，分清楚事情的轻重缓急很重要，可是当办公桌上堆满了文件和资料、待复信函和备忘录，甚至于有些物件一连几个星期也不曾看一眼，人一到办公室，就会慌乱、忧虑。一个经常担忧万事待办，却无暇办理的人，不仅感到劳累疲惫，容易引发高血压、心脏病和胃溃疡，更会失去判断轻重缓急的处理能力，降低工作效率。

　　做事有效率，才有经济价值，做事不拖拉，如果挑剔

且又是完美主义者，进度又常缓慢，绝对会让人怀疑其工作的能力与实力。

6. 管理自己的整洁与时间

衣着要得体，在工作中衣衫不整或打扮怪异，都会令人感到不舒服。有些公司已规定穿制服，是要让客户感受到敬重的仪态与整齐的和谐。据企业主的问卷调查，发现在应征者中，有66.7％的人认为面试者的外表和衣着会影响录取率，而在学习上也影响整个团队的士气。上班、上课要准时。俗语说："愈睡愈懒，愈坐愈瘫"，迟到、早退容易引起上司与同仁的不满，给人缺乏责任心的感觉。因此不妨做一个早起的人，多出一些时间给自己。随时提醒自己：别犯失忆症！给的物件常丢失，人的名字常忘记，会降低别人的信任，觉得你是做事无条理、对工作没兴趣的人。

7. 尊重合作时的和谐

常检视自己是否给他人造成了麻烦，是否不尊重他人背后的努力，是否有提供给他们更优质的服务？每个公司都有自己的企业人文，也就是团队的做事习惯，要懂得尊重公司的人文与方向，否则就会与大家格格不入，势必给大家种下骄矜的印象。无法感受到敬业精神与尊重，也难

以凝聚向心力，而无法愉悦地创造出适合企业的更大效益。

8. 承担错误

常反省自己，是否犯下错误？过度保护自己，便不容易承担错误，听到有建设性的批评，会搬出一大堆理由辩驳，还会将责任推给别人，让人感觉是没有承担、心胸不够宽阔、不容易沟通的人。要有能力改正错误，要认错也要改错。

9. 配合但不是取悦

人无法面面俱到，可是不该只做一个好人。称职的员工在发现问题时，会适时提出建议，若只是附和，虽然暂时取悦了少数人，却会失去大多数人的支持。

听说雁飞行时，会利用叫声来鼓舞前面的同伴，保持速度继续前进。在工作时，也要互相鼓励配合，但不是只有取悦。

10. 承诺要有信用

很多人相信成功的要素，就是才华、活力和个性，但愈来愈多的组织机构已体认到，诚信及人品的价值是企业建立信任的最重要因素，所以人须建立自己的品格，"诚正信实"是影响企业最大的特质，是维系社会的纽带。

不要出尔反尔，经常变更已确定的事，会让执行者无从下手；做出的承诺，经常无法兑现，会失去大家的信任，团队也无法委以重任。

> 证严上人说："能做到为他人所信任、受他人所肯定，以及被他人所爱，才是真正能深植人心的人品典范。"这是现代社会最需要的。

11. 唤起正面思考

逢人诉苦、没事聊天、大话家常，痛苦的经历一谈再谈，会让人退避三舍，抱怨于事无补。谈论主管的不好，大都是对自己能力的自傲表现，与人相处融洽最重要的是：当有负面讯息时，导之以正面的看法，善解、包容、感恩它。这种善意会有连锁反应，影响及感染大家的情绪，而让心灵也得到提升。

做事时，先带着好心情，不把负面情绪带进工作；凡事不抱怨，凡事感恩，就能解决问题。常为别人点灯，导之以善，就会有灯泡般灵光乍现，想出高明点子的时刻。

12. 创造机缘

昨日的方法，不一定能解决今日的问题，在时差中，常有不定的因素。任何事情，都可能有失误，最重要的，不是发生了什么事，也不是什么人做的，而是要做哪些事来改善它，找出方法来协助他，日本一休禅师（古时候的机智小和尚）的例子最足以让人承认：创造机缘可以超越困境。

有位信徒向一休禅师诉苦，他想自杀，因为债台高筑，无能力偿还。一休禅师问他有没有其他方法解决，或者家里还有谁可以想办法的？他说除了家徒四壁外，只有一位八岁的女儿，于是一休禅师很高兴地说："有办法了，把女儿嫁给我，我来帮你还债。"虽然信徒感到惊讶不解，但信仰一休禅师的智慧高超，于是回家向众人宣布，某月某日一休禅师要当他的女婿。

这消息轰动了全镇，迎亲那天人山人海，只见一休禅师当众挥毫，卖字画。众人只顾争相抢购一休禅师的作品，忘了来此的目的，结果卖字画的钱，堆满了好些箩筐，也足够偿还信徒的债务了。一休禅师于是拂袖而去，对信徒说："债务偿完了，我还是当你的师父吧！"

一休禅师以超人的智慧创造机缘，助人渡过难关。只要用心，就可以创新，可以策划一个奇迹来扭转乾坤，改变一个人生。

13. 每天多做一点

要经常以进步为目标，机会常来自于苦干，每天多做一点的工作态度，会锻炼自己更强壮，容易摆脱困境，增进自己的机遇。养尊处优会让自己更虚弱而萎缩，因而失去创造动力。任劳、任怨的承担，是一种纯朴的力量，往往会使人生开启意想不到之路。

14. 积极自动自发

不必等待别人的鼓励，作为工作的动机，有时候机缘稍纵即逝。若总是一味地等待他人施惠来生活，那是精神上的乞丐，不会进步。每一件事都值得去做，而且应该用心去做。小任务顺利完成，才有大任务的成功把握。该做的事，现在就动手做吧！

真正能让人感动的领导者，不是拥有最多追随者的人，而是他让这个世界成为更好的地方，影响更多人成为更好的人。而"人品典范"的首要条件是从个人做起，建立诚正信实的品格，进而影响周遭更多的人，成为更好的人。

15. 专业还要用心

专业、耐心、反应灵敏，是所有行业必备的素养。可是多用一点心，会发挥更多的价值，让人感受到尊重与爱。像隔邻的李太太说她选的小儿科医生，是每次看完病人一定会洗手的医生；住院时，选择护士，则选会多说一句让病人贴心、安心的话，有状况时，还能细心解释的护士。她搭的计程车，只要是她下车的地方，司机会小心停好，不挡住别车，让客人很容易下车的位置，她就会多给小费。上馆子用餐，一定选择蔬菜有用心洗过的餐厅。她说很奇妙，她选的餐厅天天客满，所到的医院也会比较少医疗纠纷。她相信大家的想法都是一样的，只要在自己的周遭多下一些细微的用心，不但大家看得到，也感觉得到。

> 多数人的失败，不是因为他们的专业能力不够，而是他们不够用心。

16. 找出脱困的能力

人生如果还在念念不忘过去,只是一片拖泥带水,会失去创意的能量;如果忧心忡忡于未来,担心乌云密布的风险,也会导致庸碌无为。唯有活在当下的时光,才能用心看到自己创意的潜力,找到脱困的能力,找出为自己重新插上飞翔翅膀的力量,风筝也是逆风才能飞翔。

17. 调整方向

在船上，悲观的人，抱怨风太大；乐观的人，期盼风转向；用心的人，找出创意，调整风帆和方向。

世间无难事，只要用心的人，就没有翻不过的山，没有淌不过的河。

18. 改善要快

想改善目前的状况，要让自己更有自信，要让自己做事更有成效，就必须做出更好的决定，采取更好的行动改变。

可是许多人抛不开过去的包袱，也不相信自己有能力改变，不敢成为自己，充分发挥所长，是因为对自己缺乏深度的爱。

无论活到几岁，都不要忘记多用创造力来改善生活。改变就像调味料,加多一点点,便能使生活的味道完全不同。

世上唯一不变的就是改变。恐龙的绝种是因为缺乏弹性和变通,改变太慢!

19. 充分发挥想象力

每一项伟大的发明,都是由成千个错误换来的,所以不用怕错。做任何事,都要先有想象,先有好奇心,再化为事实。人生的过程中,如果找不到机会,那就去创造机会。只要充分发挥想象力,就会有创意。

20. 找出生命中的对手

找出生命中对自己有危机感的对手,他让自己不敢懈怠、不再依赖、无法逃避、只有努力坚持自己的意志。是他激发了自己无数创造的潜能。他,其实是自己这辈子的恩人。

当独行侠,常会遇到创意的瓶颈。虽说人事的艰难与琢磨是一种考验,但人生每一个阶段都有不同的导师。有时候,从别人那儿借火,可以更快点亮自己创意的蜡烛,所以多与人群接触,结交有正知、正见的朋友,就会有正点子。

这一生不在于你超越多少人,而是超越了多少自己的习气,超越了我执,并且也协助多少人不断超越自己。

21. 启发对方的善念

下班时刻，大约在傍晚七点钟来了一通电话，说她是网络书局的顾客服务中心，她想确认我是否买了两本书，而且是在便利商店取书，付了现款四百五十元。但因为店员刷错了，把我的款项刷成分期付款，所以从明天开始，我每个月都会被扣四百五十元，要连续扣十二个月。她说她查到这是店员的错，所以赶紧通知我，免得他们会从邮局的账户扣款，也请我赶紧打电话去取消更正。

我听了不疑有他，因为的确那天我有在当地取书，金额也没错，只是觉得很不解，就回说："怎么会有这种事！是你们的错，为什么要我去更正？"

她又说："因为他们会用身份证连接到你的银行、农会、渔会、信用合作社等，就直接扣款了。"

我很无奈："那我等银行通知再处理了。"她赶紧又说："所以我现在就是负责通知你的，以免你吃亏，你一定要在今晚十二点以前打电话去取消才有效，我现在给你电话或我帮你打好吗？"

她的急促让我有点质疑了，"为什么是今晚十二点呢？你们都不用下班休息的吗？"

"因为我现在才查到这笔账啊！"

我有些警觉，想起诈骗电话都是在下班时间打的，便试探地问："所以你是需要我的资料吧！"

"是啊！"她的声音很肯定。

"小姐你贵姓？"

"姓李。"

"李小姐，你现在做的是大家说的诈骗集团，只为了骗取金钱，让人心不安，扰乱人心，不是好事，人应该多做好事，才有好报的。"

我以为她听完会马上挂断电话，没想到她又反驳："那你自己呢？你有做好事吗？"

"我是慈济的委员，你知道吗？我们都在帮助世间受苦受难的人，他们活得很辛苦，很需要帮助的。"

"我也是为生活所逼，需要帮助的呀！"

"在台湾生活有许多种方式，是可以选择的，是非应该很清楚，自己本来就可以判断。何况做好事有好报，做恶事一定有恶报，因果是屡试不爽的。而且我们能活到今天，是接受天地间多少阳光雨露的恩泽，还有许多人互相帮助，才能活下去，你出生时，是别人用双手帮你接出来的。我们应该回馈人世间，多做有益人们身心健康的事，让大家能心安过生活。如果社会上人人心不安，你也会住得很不安的。人人都作恶，天地就会有灾难。不要只为了赚钱，昧着良心，那是天理不容，会有恶报的。所以你要慎选自己的人生方向，和自己的生活态度，为自己的将来你要好好想一想。"她居然静静听了十多分钟。

"听起来你的年龄跟我母亲差不多，是不是有四十岁以上了？"

"有啊！"

她用很小的声音说："我这里讲话不方便，那我可不可以祝福你身体健康，天天快乐！"

"我也祝福你好好规划你的前途，多做好事，多说好话，心想好意。"

"我很感谢你，我真的很想再次祝福你身体健康。"说

完才挂断电话。

　　但愿我能真正启发她的善念，而且能花点时间面对自己的心，不再用诈骗的方式来维生，我也鼓励朋友们接到诈骗的电话时，能够冷静地启发他们的善念，而不再只是生气骂人。只要更多人释出正念、善念，相信会消减更多恶念，人人得以心安，社会祥和就指日可待。

　　启发善念可以保护自己，挑起恶念就会有恶魔借手做坏事。

五、千江有水千江月
用心沟通篇

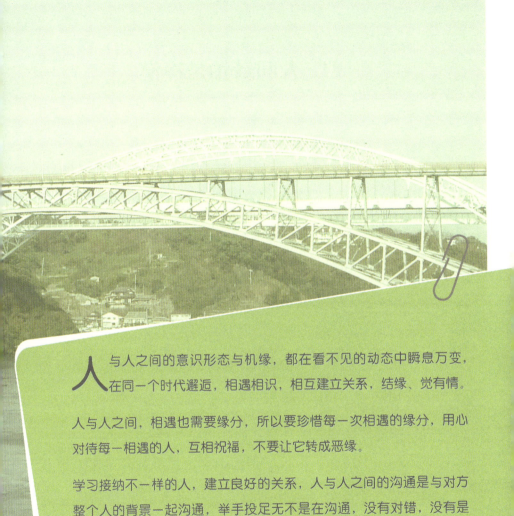

人与人之间的意识形态与机缘，都在看不见的动态中瞬息万变，在同一个时代邂逅，相遇相识，相互建立关系，结缘、觉有情。

人与人之间，相遇也需要缘分，所以要珍惜每一次相遇的缘分，用心对待每一相遇的人，互相祝福，不要让它转成恶缘。

学习接纳不一样的人，建立良好的关系，人与人之间的沟通是与对方整个人的背景一起沟通，举手投足无不是在沟通，没有对错，没有是非，只有同意或不同意。

每当心理医师咨商个案时，总是把人际关系列为第一优先的关键。

人际关系沟通的智力，是报酬率最高的能力，值得关注与培训。

1. 人间最怕是冷漠

　　人世间不怕不爱,最怕的是冷漠。悲伤的叹息只会让心更寒冷,不如起而行,为人们多付出关怀;有爱的人生观,才是心灵安顿之路。

　　人生的际遇很微妙,有很多意想不到的事会发生,刻意地逃避某些观念,反而让心被恐惧局限,阻碍了内在的成长。

　　从小,长辈常耳提面命地告诉秋玉,在外面遇见车祸或看到棺材,千万不要靠近去看,因为可能会被恶灵煞到,也可能会被诬赖成肇事者,而让自己遭遇厄运。

　　有一天清晨,秋玉上学途中,远远见到巷子旁发生一场车祸,肇事者立即快速逃离,地上有鲜血汩汩地长流着,依稀知道那儿躺着一位白发的老太太,惊怕的秋玉原本想再靠近过去看看,但随即想起长辈的交代,为了自保,秋玉回避着,反而加快脚步往学校走。

　　没想到,放学回家后,妈妈哭诉着说,她的祖母原本要来家里，却在巷子口出了车祸！她盘算时间和地点，居然就是早上看到的那场车祸。她听说祖母等了很久的时间，才被送往医院治疗，但已无法挽回生命了。想象那个情景，事隔多年，秋玉内心还是非常的不忍与自责。

后来秋玉到慈济医院当志工，学习照顾病苦的阿公、阿嬷，学习疼惜年长者，也参与替亡者助念的工作。除了舒缓内心对死亡的畏惧，透过爱来感受聚散无常外，也得到些许的心安。更让她高兴的是，得到很多老人们的信赖

沟通是桥梁，人与人之间的沟通是与对方整个人的背景一起沟通，举手投足无不是在沟通，没有对错，没有是非，只有同意或不同意。因为人际关系的智力，是报酬率最高的能力。

与爱。

人与人之间常缺乏深度的爱与信赖，但天底下其实没有所谓复杂的事情，而是人的思维和感情把它复杂化了。

我也曾想到这个道理，有一天心血来潮，打电话给我最不喜欢沟通的人，向她释出关怀与善意，她的回馈令我吃惊，原来她也不能谅解许多对我不实的传言，还好她一一让我解释。从而我感受到当我们互动时有一种特别的温馨。本以为不喜欢的人，不理她就没事，其实愈不喜欢沟通，人际互动的桥梁就愈不畅通。心是人世间最大的距离，因为厌倦、冷漠，拉长了人与人之间的距离，用爱与关怀，设"心"处地去化解不愉悦的感受，就能体会出人性最美的幸福感。

证严上人说被误解还是要解释，才不会彼此颠倒。

2. 感官知觉的表达祝福

（1）言语

"口说好话"是最佳祝福的关键，既是爱语也是布施、积口德，上唇是天，下唇是地，讲起话来是惊天动地的。所以好话一句三冬暖，恶语一句六月寒；好话多说，恶语不说，废话则少说。

说话口气影响沟通的气氛，轻声柔语人缘百分百。不要独白，不只说自己想要说的，要让对方有讲话的机会，多解读对方的情绪。

（2）眼睛

与人沟通时，以真诚的心对待，眼神要交流，千万不可东张西望，显得不够尊重，令对方也无法专心表达。若对方想听意见时，所有的问题与答案都不知所云，久而久之愿意再与之说话的人，就愈来愈少。

您有多久没有认真地看过对方了？

（3）耳朵

听话的坏习惯有四种：心不在焉的失神、假装在听、时听时不听、自我为中心地听。唯有专注倾听，鼓励别人多谈论他自己，才会有好的人际关系，才会得到心灵可以互通的好伙伴。善于倾听的人，才能被人倾听，而且得到尊重。

《世说新语》里记载，晋明帝小时候坐在晋元帝膝上，元帝问他："长安远还是太阳远？"明帝答说："长安近，太阳远，因为听说有人从长安来，没听说有人从太阳来。"这就是用耳朵听来的。第二天，元帝当着群臣面前再问明帝同样的问题，没想到明帝却答说："太阳近，长安远，因为抬起头来见得到太阳，却见不到长安。"这就是用眼睛观察的。

证严上人常说："要用耳朵看，用眼睛听。"这就是多用心去察觉。

（4）触觉

肢体的动作——握手、搭肩，以及拥抱，可以打开另一种的沟通。而手语则是让无法说话者沟通表达，若再搭配音乐的诠释，歌词会更传神，可以柔化情绪，感染和睦，使周遭关系更融洽。在陌生的境域里，身体语言更胜于口语的沟通。

（5）表情

表情是世界共通的语言，内心的感觉形于外的就是脸色，带给沟通最大的影响。微笑是一种布施，让人欢喜，可以化解心中的阴霾，可以治愈心灵的创伤。

世间最纯真的是孩子的笑容。

（6）意念

多用善解的心启发对方的善念，因为善良是内在的本性，底层有共通的桥梁。

也可借此提升自己与他人的心灵层次。知己知彼，让彼此关系改变。

（7）善解

了解背后的善意，就能善解。正面去思考，聚焦于与人维持良好关系，而非如何满足自己的需求或目标。

（8）欣赏

有智慧的人，会把别人与我们不同的地方，看为特点

而非缺点，不加评论。欣赏别人的特点，能让自己感觉美好，也是爱自己的方式。

(9) 尊重

记得留给他人面子，才有改进的空间，人都有被重视的欲望，但在许多活动中，人往往一直在感谢神，忘却了还要感谢他人的努力。用爱与尊重对待彼此，才会感到值得。

3. 缩小自己

证严上人常提醒志工们："要缩小自己，才能进入对方的眼里。"不会碍到别人，缩小到无形中钻进对方心里，让对方身心欢喜，而且还能受到感化。

有时候以为自己做了很多，其实对方一直默默地付出，早已超过自己的想象，不是看不见，而是自己没用心去看而已；膨胀自己的所为，反而招惹怨尤和妒忌。

4. 怨亲平等

万物虽各有不同的个性，但上帝说，人人都是他的孩子；佛陀说，我佛众生三无差别，只要愿意，人人皆可成佛。证严上人说："普天之下没有我不爱的人。"他们无始无终地宽容人们，在他们眼中，所有的生命没有分别，怨亲一律平等。他们爱每一个人,没有"我不爱的人",也没有"我所怨的人";没有了私心的爱与怨,就能时时保有清净的欢喜心。

5. 随时鼓励对方

用信任的态度去鼓励别人,并说明自己对他的信心;放下过去的不满意、无须为未来担忧,用当下积极的概念去激励别人;用了解、鼓励自己的原则去关怀别人。这种真诚的鼓励,也会让自己潜在的美好品质与创意被激发出来。

6. 信人有爱

相信人人内心皆有良知与佛性,只要被唤醒,就有同样的爱。怀疑来自于不信任，误会是由于许多事情的阴错阳差；但是，猜疑来自于人维护自己的感觉，不信任别人，其实是筑高墙的一个作法，无法与人做心灵上的沟通。证严上人说："欲得到肯定，必须有正确且坚定的人生方向，有正信，人生才不易迷航。"

在美国的侄女，有一次开车载我出门，在高速公路上不小心被后车轻微地擦撞，车子有点损伤。对方是位中年妇女，下车时很紧张地哭泣，说她不是故意的，而且她也没钱赔，我赶紧安抚她别紧张，人平安就好，反正保险公司会设法解决。因为是在高速公路上，也没做任何存证。没想到，一星期后侄女来电告诉我对方不认账，电话都由她的女儿接听，她们不承认有这回事。

想起证严上人说："信人有爱。"便教侄女告诉对方，自己只是一名学生，还没进入社会，但一直相信社会人士的善良与成熟，如果这件事让她女儿也知道，万一她女儿碰到与自己一样的遭遇，会不愿再相信社会人士，也失去人与人之间的信任了。挂上电话后，不料第二天对方就请保险公司付款了。

我相信只要维持着启发善念的观点,人们都会回归到善良的本性。

7. 学习宽恕

宽恕需要勇气,要以德报怨、不求回报地付出爱心,还需要遗忘得失、释放羞辱与愧疚的感觉;能宽恕别人,才能得到别人的宽恕。

宽恕就是接受过去所发生的一切,接纳自己的现状,也接纳别人的现况,不再对人做任何批判,也不再对自己做谴责;宽恕是不加批判与条件,只有延伸着爱与祝福。宽恕是没有任何条件,可能是永无止境的过程,需要一而再、再而三的原谅。

当遇上无法宽恕的人事时,要学习用心祝福,祝福对方日日增长慈悲心。

宽恕是一本万利,老天会还你利息。

每回的葬礼、告别式，我们都可听到对亡者歌功颂德的追悼辞，其实反映的是对亡者的宽恕或欣赏，可惜亡者已听不到。如果能在生前表达赞赏与爱，相信亡者会活得更幸福快乐。

8. 活着就要赞赏

每回的葬礼、告别式,我们都可听到对亡者歌功颂德的追悼辞,宣扬亡者种种珍贵的特质,似乎亡者生前不完美的部分已不存在,而且人们更多表现的是爱与不舍,其实这些真正反映的是对亡者的宽恕或欣赏,可惜亡者已听不到。但如果能在生前表态,趁着听得到的时刻,就如同在追思会上那般地赞赏与爱,相信亡者生前会活得更幸福快乐。

9. 凡事感恩

生活上发生的事大同小异,但有人痛苦,有人快乐。

无法接受现况、无法以感恩心面对的人,不论将来环境如何改变,也不会感到快乐。

在慈济，证严上人教诲弟子要凡事感恩。

没有顽劣的孩子，造就不出良师的教化；没有难题的病症，呈现不出良医的良能；没有苦难的众生，就没有菩萨出现救助；没有厚养美德、宽以待人，造就不出人文典范；没有得罪我的人，就无法学习宽恕对待。若人人都完全顺从我们的心意，配合我们做事，那爱与忍耐就无法彰显，所以要感恩。常看到在灾难的发放现场，慈济志工们双手奉上物资给灾民时，还要弯腰道感恩。

> 感恩会转变生命的能量，吸引更丰富的经验到生命中来。

10. 爱与关怀的陪伴

当别人的贵人，就能结好人缘，人脉无缺。为别人推

开一扇窗,就留给自己一条出路。待人留有不尽之恩礼,才能维系不厌之情。

　　住在汐止的玉叶,有一位爱喝酒、嗜赌博、天不亮不回家的丈夫。当年玉叶还满怀希望地安慰婆婆:"您放心,他会改,总有一天会改。"可是一日盼过一日,一年等过一年,已年届四十六岁,疼爱她的公婆也相继过世了。每个孤独无奈的长夜,她的信心几乎崩溃:"要不是为了孩子,真是活不下去。"最后,她只能伤心地告诉儿子:"你爸爸的榜样不好,不要跟他学。"

后来纳莉台风来袭,整个汐止地区一片汪洋,她的房子被水淹过二楼,满屋子的烂泥,也许过度担心房子会因此倒塌,丈夫竟然得了忧郁症,病一发作,就到处乱跑,不回家。她快急疯了,骑着摩托车,疯狂地到处寻觅,甚至远到其他乡镇去找,日日过着"我俩没有明天"的生活。

医生告诉她"走出户外",家人的支持与陪伴,有助于忧郁症的复元。此时,她也找到走出去的方法,耐心地鼓励先生一起做环保,每天忙碌地整理资源回收;他们几乎每两天就要在社区挨家挨户地来回地做捡拾。

玉叶感恩地说:"他做环保工作之后,整个人都变了,习惯也改了,忙碌的生活让他没有空闲忧郁;发挥爱心,让他知道自己生活的价值还在。"苦熬了二十余年,日日夜夜期盼的丈夫终于"浪子回头"了。玉叶用不弃不舍的耐力与时间,改变了丈夫,也扩展了世界,他们牵手找到共同的工作,朝着幸福的方向迈进。

六、柳暗花明又一福篇

陆游的诗中名句："山重水复疑无路，柳暗花明又一村。"譬喻着当人生陷入困境，在绝处中逢生的惊喜。其实生命之路途，也蕴藏着无限可能的转折。

1. 以幽默面对逆境

美国的圣地亚哥大火时,有一户人家被烧得精光,他们在烧焦倒塌的门栏上贴着一副纸条,上面写着:"我们家终于没有白蚁了。"让所有经过的人、媒体采访者莞尔一笑。在苦难、逆境中,还不忘博取别人开心,让事件充当别人的笑话来源,化解人们的恐慌与尴尬,这家人豁达的人生态度,真让人难忘。能用心自我解嘲,是有智慧者,这也是调剂自己生活的方式。

> 逆境是增进心灵财富的力量,可遇不可求,不要浪费。
> ——证严上人静思语

2. 以智慧解套

有一位精神科医生,因为住院的病人整天吵着要出院,不胜其扰，于是用笔在墙上画一扇门，跟病人说："只要你们打得开这个门就可以出院了。"病人们听了，纷纷用打的、敲的，使尽各种办法去试开门，却还是打不开。在场只有一位病人始终冷笑地注视着他们，于是医生就问他：

"你为什么笑他们呢？"

"因为他们不可能打得开门的！"

"为什么？"

"因为门的钥匙在我这里。"

"很好，那你要好好保管，也劝他们不要再做傻事了。"医生也很幽默地附和。

这世上没有绝对的对与错，只有心态上的盲点，用心便可看到，是个人解读的方式不同而已。

3. 以风趣面对无法改变的事

正在拿照相机拍一张有跪姿雕像的时候，有一位阿伯走过来说:"小姐,你不可以这样一直拍一直拍耶!"

"喔?这不能拍吗?有版权吗?"

"不是啦!你看他跪了那么久,一定很累了,你怎么不拉他一把呢!"

"# * ※……"

事隔虽久,人物也已淡忘,但至今每想及此话语,仍让人莞尔。

不可能改变的事实,也可以用这样的方式一笑开怀。

以风趣诙谐的心态,定可打破人际关系的僵局。若无

以风趣诙谐的心态,定可打破人际关系的僵局。若无法改变而离开时,也不要怀着恨意,因为因缘、人脉是圆的,会循环回来的。

法改变而离开时，也不要怀着恨意，因为因缘、人脉是圆的，会循环回来的。

> 您还有什么不开心的事？说出来让大家都开心一下吧！

4. 剪不断、理还乱

有天，接到一通哀怨的电话："几年来，他总是让我不好受，为什么他老是做些令人很不舒服的事。他只想到自己，爱跟谁约会就出去，从不把我看在眼里，自己想干嘛就干嘛，真的非常令人生气，很难原谅。他已做了那么多过分的事，也不觉得自己有错，从不说道歉，且同意分手。而我又太软弱，还是很想见他，怎么办？很迷惑，不知该怎么处理这段感情？"

我建议她："这可是他的错，又不是你错，干嘛生气？

他是凡人总是会犯错，或许他的感情尚未成熟，不能与你相比，是他的福报不够，所以，要很感恩他做一个不讲理的人来让你觉悟。有些因缘是老天设计好，让你成长与选择的，所以要感恩。别要求他给你好脸色或是好机会，放生吧！随他去吧，有缘就会在一起，任谁也拆不开的，像你之前说的，要让自己做一位更优秀的好人，那你一定会遇到更好的男孩子，因为物以类聚，福报相等才能够在一起。他用他的错来导致分手，他是来报答你的。你就发一分慈悲祝福他了，以欢喜心接受现况。要有勇气做出抉择，才不会在无可奈何时，再来体会悲凉。在此祝福你，尽快走出迷茫，布施更多时间来学习做志工，你会发现没有时

间去期待,你就不会有失落的情绪了。"

人是独立的个体,没有人能时时刻刻相伴相依,心心相系,所以孤独可能随时存在。要有自信面对孤独,有勇气做困难的决定,并慈悲地祝福对方,也祝福自己。并多多观照当下,置身其中,接受生命当下的真相,那是唯一可以感受与改变的时刻,人就不会活在自己编织的未来梦境中,迷失了自己。

5. 挫败才有抗压性

换个角度看,人生全胜并不是好事,有挫败才能增加抗压性,才能学会自在。事事聪明,并不能赢得好感,偶尔的笨拙反而让人解除嫉妒的敌意。

压力来自于知道自己的力量有限,凡事不只靠自己的力量,若能凝聚他人的力量,更是一种懂得信任与感恩的智慧。

> 跌倒了,爬起来再哭嘛!

七、态度决定祝福的深度篇

有六种不能踩的地雷,在人性中最容易让人受不了,是很伤感很难原谅,甚至于会令人抓狂,但却是绝不能犯的错,不能损的福。

1. 看别人不顺眼，是自己的问题

不能看人不顺眼，如果看到的尽是缺点，它们就变得丑陋。

每一个人都有其存在的意义和价值，只要用心地看待，将会感受彼此努力的存在。对他人的不满，其实是反映了自身的缺陷，像被虫咬过的蔬菜，坑坑洞洞，没理由看不顺眼，它可是为了奉献给虫吃的。要用心祝福，不要用心挑剔。

2. 不能熟不拘礼

对于陌生人，我们容易殷勤有礼，可是对于家人及亲密的人，只要心情不佳，常常可以朝他们发泄自己的情绪而不道歉。

有人评估人类与动物的差别是出门高EQ，回家低EQ，拿不出耐心与包容给自己亲近的家人。总以为："别人可以不了解我，你怎么可以不了解我？别人可以不顺着我，你怎么可以不顺我？别人可以不让我，你怎么可以不让？"平常若没有基本尊重与礼节的互动，会提不起原谅或怜惜之心，不仅常以言语伤害别人，不承认自己有错之外，还争辩是别人对不起自己，日久相处，会得心结而不自知，会因比较而受内伤。

3. 遇事不先责怪人

不能责怪仍在学习而犯错的人；不能责怪经验丰富而仍犯错的人；不能责怪认知有差距的人；不能责怪让自己失望的人。给他们肯定，给他们再次修正的机会，毕竟，最重要的是解决事情，而不是解决人，所以应该对事不对人。

同样看一件事物,每个人都以自己的方式解读,以自己的思考或经验来处理。可是一听到与自己不同的意见,就认为是对自我的挑战或责难,马上表示反感而责怪人,造成人与人之间的纠纷,人际关系的破裂。

不要做责备式的评论,也不用吹嘘自己来壮声势。

责备式评论与吹嘘,如放烟火,乍看很眩,但却是污染着大地与空气。

想尽方法,也要能克制批评别人的冲动,节制自己的

情绪。时时唤醒沉睡的心灵,不要让心放逸。

4. 不担心别人取笑

只要是做对的事,就不用担心别人笑。如果所有的努力,只是为了做给别人看,那会活得很痛苦;如果相信自己已尽心尽力,不在乎别人怎么看自己的时候,才可以心无牵挂、随缘自在。要有面对批评的免疫力。

5. 不计较、不比较

人常常只看到别人没给的,因此而焦虑,却忘了别人已给的,忘了已拥有的感恩与喜悦。

凡事不计较,则凡事不觉得吃亏;喜欢计较的人,无法心平气和,反而常常吃大亏。

> 一个人的快乐,不是因为他拥有得多,而是因为他计较得少。
> ——证严上人静思语

6. 怨恨是子弹

不小心累积的怨恨,其实埋有两颗子弹,一颗向着对方,另一颗是面对自己,无论有没有打中对方,距离最近的一颗就是自己,因此每个怨恨,一定会打到自己,身体也会发出失调的警讯。

老大哥来医院看门诊,向医生表示自己有胸闷、心悸、手颤抖、睡不着觉、全身倦怠等的困扰,想检查甲状腺是否有问题,于是医生帮他开单做检查,一切都正常了,却见他依然眉间深锁,仍有忧心之色,于是医生又多花了一些时间与他闲聊。老大哥告诉医生一件十几年前发生的往

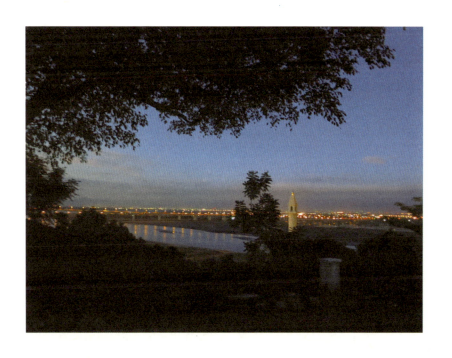

事,他儿子因与女方发生感情冲突,女方跑来家里大闹,虽然财物的损失不大,但是在他告诫了儿子一番话后,儿子一气之下,竟然用自杀结束了生命。从此他后悔与忿恨的念头在心中滋长,日复一日,年复一年,他一直看不到对方得到报应,怎么办,他愈等愈恨,愈恨愈想要替天行道,报复是他唯一想到的情绪出口,失去儿子的痛与想报复的念头,经常萦回盘旋在心中,无法忘怀,十年来的日子过得混沌而痛苦。

最近这几年，他的事业更是连连遭受挫败，公司接的案子，几乎没有成功或顺利过，就连开车都会撞上电线杆。因为脑子里被各种复仇计划燃烧着，他说他的生活很像在地狱，活得很煎熬，儿子虽已往生多年，但怨恨的心丝毫没减。医生只能安抚他说，这些症状应该可以逐渐减轻。只要心中的怨恨放下或转移，不然症状也可能加重。于是医生劝他多读励志的书籍，以增进心灵的正面思考。还请慈济志工带他去做环保，思考与实践并行，才能放下他旧有的思考模式。

在环保站里，每个休假日都汗流浃背的他，用力在踩扁塑胶瓶，因为用力，因为注意力集中，痛恨的情绪不知不觉也被踩扁了，老大哥很感悟地说，"这里是释放情绪最好的运动，我以前一定是疯了，对方早就忘了，自己还钻入牛角尖，不能原谅，把过去的痛苦，还要背着走到未来，很虐待自己呀。"

> 我们要为令人讨厌的人、失望的人、结恶仇的人，虔诚地说出祝福的话，祝福他得到更多的爱与信任。为无法回报的人，为他做好事，为他用心祝福。

7. 还有十种毒素会污染心灵，让福远离

嗔怒、贪婪、愚痴、骄慢、疑忌、哀伤、怠惰、恐惧、委屈、受害等十种毒素污染心念，让心像是怒吼的大海般波涛汹涌，生气烦恼不已。它们是心灵上的土石流，甚至于会损害生存能力。

（1）嗔怒

有人听到一句话就暴跳如雷，再听第二句话就能泪流成河。自己的情绪无法驾驭，会把自我带向毁灭。今天的大事，也许是明天的小事，事情虽在身边旋转个不停，只要多用平常心，增强自制力，不受外境影响，冷静地重新评价生气的理由，才不再为人事发狂。唯其动心忍性，方能成就大业。

让情绪一直处于愤怒状态，很伤元气，是一种内耗，没有复元的能量。对人发脾气，无论再说多少次的对不起，伤痕还是都在，脾气来了福气就离开了。

(2) 贪婪

记得有一位学佛者,他的双手因病萎缩而无法动弹,他曾告诫大家,这是因为太贪心,总想要不劳而获的果报。贪小便宜是一般人的心态,若是有心改变,其实只在一念间,多用点决心而已。贪心的人总是想要的比需要的还多很多,最后得到的也是很多很多的烦恼。

生活上发生的事大同小异,但有人痛苦,有人快乐;无法接受现况、无法以感恩心面对的人,不论将来环境如何改变,也不会感到快乐。

(3) 愚痴

如果无法顺着正道,做到顺心如意,就不要为了要贪求快速而走邪门歪道,陷自己于险境。

虽无法控制别人摆出的臭脸,但能克制情绪不被牵动。

虽无法控制别人用言语刺伤自己,但能克制自己用善解来平缓心绪。

在拥挤的电梯里,正要关上门时,突然快步跑进一位身穿雨衣、湿答答的送货人员。他用一只手把电梯开关按住,另一只手查询地址楼层,雨衣上的水滴随着他的大动作,甩得旁边的人都被波及。

他按住电梯门很久,大家忍耐地等候他查明,匆忙了几分钟,他回头问:"这栋大楼地下有几层?"有个声音回答:"看得见的有两层,看不见的有十八层。"

"那十八层都盖好了?"

"早就盖好了。"

"咦?怎么从外面看不出来?"

"因为都在你心中。"

刚开始大家也都听不懂,随后有些人吃吃地笑了出来。人当然看不到自己心底下的十八层,因为只在一念间。

(4) 骄慢

骄傲的背面是自卑。总是在意别人能看重自己,也常傲恃自己的优异,因而目空一切,是过度的自信。不懂得在说出自己的看法前,先听完别人的想法,先照顾别人的感受,先拥抱别人的问题。

当人太过自以为是,会错过了他人美好的经历和心灵的体验,是心灵败坏之始。

(5) 疑忌

什么样的思想模式,就会创造出什么样的生活。

总是对别人存疑的人,有个"置疑"的思想模式,生活中,就会发生许多让人怀疑的事。事事猜忌别人,没有可信任的朋友,别人也不能以诚相待。

> 为人处世要小心、细心,但不要"小心眼"。
> ——证严上人静思语

(6) 哀伤

不要在痛苦、哀伤中沉沦,内心充满的雾气,就是阴霾。转移情绪,才有元气走过悲伤的季节。把小爱化成大爱,多付出一些爱、多祝福,就会累积更多的福报。

有一位伤心的母亲,因为女儿癌症末期时疼痛难耐,哀怨呼救,给自己留下了难以磨灭的哀恸,一直责怪自己,并找寻弥补的方法。她用掉无数的金钱去烧纸钱、做法会,依然梦见女儿,说她在地狱受苦,即使回来人间也要再次

受病痛之折磨,做母亲的悲戚终日,看不到光明,无法放下。她说看到我的第一本书《答案》,但找不到她要的答案,所以来问我有什么方法可以解决她的困惑?

"我只是希望女儿无论在任何地方,都能幸福快乐!"她边说边落泪,泣不成声。

"那您就用最简单的方法,想念她时,就祝福她能幸福快乐。"

"这样有效吗?"

思及证严上人常说的,父母是孕育万物的天与地,于是,我回道:"父母是天,当老天经常悲伤落泪,地面就会泛滥成灾,人们随即遭受苦难,无法快乐幸福,您只要心念长保光明祝福她,你们有血缘亲,一定比任何方法都更快让她感受到您的祝福,相信女儿看到您长期的哀痛,她也不会快乐。可把时间用在去帮助更需要帮助的人,多看看别人所承受的苦难,想想有许多人处于生死间挣扎,让自己知道自己不是最无助的,知道自己还是有福的。"

唯有从失落爱的悲痛中付出爱心,去爱更多的人,才能从悲伤的虚弱中补回元气,重新挽回失落的平静。

(7) 怠惰

我们总习惯于避重就轻,绕过困难前进,只选择喜欢做的事、容易走的路,一有阻碍就停顿,因而丧失了锻炼自己心智的力量,形成懒散的习惯,成为堕落的废墟,找不到动力,也享受不到学习成长的乐趣。别再放纵自己,也别怀疑自己,时间与资源有限,人唯有愿意承担责任与目标,才有快乐的动力。

(8) 恐惧

被恐惧所操纵的人,每个问题都像眼中钉,必先除之而后快。恐惧让人分心。即使心中像水库般,储存许多的爱,但恐惧、害怕、担忧,会敞开后门让爱流失,让人感受不到爱,只有恐慌的效应。

唯有从正确的宗教信仰中,才能得到安慰,走出迷茫,才不会在害怕未来中,虚度了当下的光阴。

(9) 委屈

是一种对于过往的创伤,紧抓不放的自怜,虽然不会有再次伤害,可是,人总是太习惯把焦点放在委屈所带来的不舒服与束缚上,因而造成情绪障碍:常把改变自己的责任推诿到对方身上,忘了要为自己所作的选择负责。如果还是找不到方法解脱,也许可以用怜惜心来抚平受创的感觉,来表达出伤痛,但一定要找出内心的爱来爱自己。

(10) 受害者

自认为受害者,是需求别人帮助的角色,会失去让事情转向的能力。当一位能帮助别人的人,比当一位需要被帮助的人幸福快乐得多。快快决定留个角色给幸福吧!

八、日出、日落都要用心祝福

人应该不是因岁月累积而老,是因失去理想而老化,更因储存了太多负面记忆而僵化。因为还有明天,所以有人一生都在说:"给我时间,我就能改变;还我过去的时光,我就可以重新选择。"

活在过去的时光,无法汲取进步的能量,为往日的过失哭泣也毫无意义;活在未来是妄想。熟龄者更要为现有的当下努力以赴,负起责任。

看见悲苦的陌生人,感恩他的示现,表达对他的祝福,世界会变得有所不同。

1. 终生学习

多用心,是终生的学习。事业可以退休,学习做人不能退休;持续的学习可以让青春不留白,老人不痴呆。要学习随着时代一同变化的东西,与学习超越时代而不变的东西。

2. 展现熟龄族的魅力

退休的熟龄族在主流社会与家里都已不是核心,如何找到定位,想得开放得下,展现魅力,活出自己的生命意义来,才是人生快乐的开始!

做人没有条规可以遵守,因为见仁见智,但这儿有八个规则,只要好好掌握,相信可以展现熟龄族魅力的气质。

（1）常保快乐的心地：人都喜欢接近快乐的人，因为接近快乐的人就会快乐。与年轻人的沟通，不发牢骚、不带着旧恶，不用教训口气，以快乐的感觉沟通，一定受欢迎。

（2）尊重亲人的隐私：尊重家人各自的隐私权，担心被边缘化的想法，会让自己反而很难相处。承认自己也有无能为力的时候，人们都向往正面与光明的人性。

（3）专心倾听：因对外界的注意力、记忆力、耐心都已降低，专心倾听是唯一要训练的，才不会常常被认为鸡

同鸭讲。

（4）找出正确的判断力：许多人埋怨自己的记忆力差，但是判断力比记忆力更重要，熟龄族累积了许多个人的转变经验，可以多用逻辑，鼓励年轻人。

（5）跟往事说再见：回忆常常失真，它是一种选择性的记忆，只是反映了对自己的看法而已。所以，让大家一听再听的，只是重复过去的概念。

（6）努力维持身心健康：健康才不会造成家人的负担，老是一种成熟，应该让年轻人学习生存的智慧。现代人睡眠障碍比想象中多，尤其是在都会区，多做环保，学习分类，可以代替运动，回收岁月，回收健康，回收人生的价值观。

（7）培养正确的信仰：有位老奶奶选择做志工，作为精神寄托，克服了朋友们相继离去的恐惧，追求人生的永生慧命，培养祝福的心，才能适应年岁的增长。

（8）参加有正知正见有爱的团体：在团体中，可以扩展视野，经验交流，学习无私的爱；没有爱，人会老得快。不要把生命意义托付在个人身上，多爱一些其他的人，万一,唯一的爱落空了,还有其他人可以爱。

3. 走出去就赚到了

宜兰有一位八十三岁的阿嬷,从年轻时就刻苦持家,经历了许多的苦难,本来可以安享晚年,却病痛缠身,但是她依然努力出门,在社区做环保,她的人生哲理是:"走

出去就赚到了，不然在家也是疼痛；能走出去做环保，又可以救地球。"

这样的老人不埋怨命运的坎坷，不顾病痛，不去求享福，不任由生命枯萎，在剩余的时间里，在失去所有之前，找到自己的目标，奋力做环保，为地球付出爱心。这样的人生是真正属于自己造福的人生。

> 求福不如造福。
> ——证严上人静思语

4. 化无用为大用

天地万物本身，并没有可以特立独存的实体，我们的身体是由四大元素——地水火风，暂时聚集而成，有一天，可能会分解、消失而成为过往云烟。

唯有让暂时存在的身体，积极活出有意义的生命来，

才是真空妙有的大用。虽然一切成就都会有灰飞烟灭的一天，但人人都该尽绵薄之力，发扬人世间的美善，让美好而珍贵的心灵智慧和人文留存下来，让人类的文明在进步中熠熠生辉，照亮世世代代。

化无用为大用，再次发挥效用。体认每一个人、每一件事物都有独特的价值，环保垃圾的资源回收、人体的器官捐赠，以及让医学院学生学习的大体捐赠，这些身后的取舍，都是飞越无用的干旱沙漠，创造未来爱的契机，让生命重生出壮美的风范，遗爱在人间。

在病房里，一位罹患大肠癌的伯伯，因住院时，经常收看大爱电视台,听见上人宣导"大体老师与器官捐赠"的概念。他又看到新闻报导的善行,认为自己身体与其火化不如被资源回收,对人类还可以有一些贡献,所以主动请家人与医院联络,为他评估还能捐出什么器官,结果是还可以捐赠眼角膜,于是他赶紧签立同意书。住他隔壁病房是癌末的女病患,才三十多岁,原本心情非常沮丧,听到伯伯的决定后,她告诉家人自己也要当大体老师,捐遗体给学生当老师。她说从此她不再恐惧死亡了,因为她生平一直没达成想当老师的愿望,身后居然还可以当医生的老师,为别人付出爱。这样达成愿望的喜悦,终能超越死亡的恐惧,让自由的心灵展翅飞翔。

> 人并非能不朽,打从出生那一刻就注定要往生。往生不是终点,我们要祝福亡者,让他灵安;安抚家属,让他们心安。也希望自己终场时,还能带着微笑,祝福自己与周围的人。

5. 做人要"学愚"

证严上人曾举一个很有智慧老人的例子——

一位被当地人视为"国宝级"的老先生,虽然已经九十多岁,却写了一手好书法。这位老先生的父亲往生时,留给他一甲地。当时他很年轻,对书法极有兴趣,对农事

人老是因失去理想而茫然,若能不任生命枯萎,在剩余的时间里,减少专注在病痛,不去求享福,而去找到自己真正有意义的目标,再次发挥效用,这是造福的人生。

却一窍不通,于是他将一甲地卖了,拿卖地的钱买了一支令人啧啧称奇的大笔。这支笔直到现在还陪伴在他身边,发挥写字的功能。

他写了一幅"学愈愚"的字送给孩子们,那三字的力道浑厚遒劲,但是孩子们对所写的字不了解,于是老先生解释"学愈愚"三个字的含义:"做人要'学愚',能学愚才会心安。"老先生的话真的很令人震撼!证严上人也常说:"要大智若愚;学佛就是要学得心安。"却从来没有看

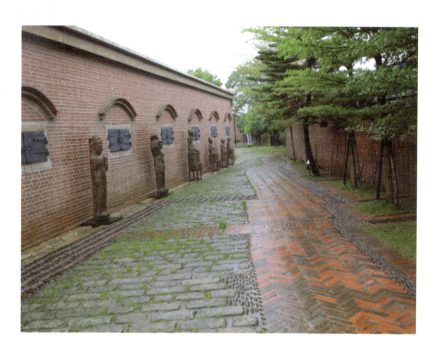

过"学愈愚"这么言简意赅的文字。

这位老先生能如此长寿、快乐，还写得一手好字，脑力又很清晰，相信他是做到了"学愈愚"。他是多么有智慧的老人；每天过得心安理得，是多么懂得享受人生。

> 与人无争则人安，与事无争则事安，与世无争则世安。
> ——证严上人静思语

九、多用心，祝福总在放下后

我们的身体,需要新陈代谢的空间;我们的心灵,更需要开阔的空境。

放空心境,清澈明澄的心境,才能如实地反映事物,不会被环境所蒙蔽,不会为自己的感情所冲动,不会被别人的言行、脸色所遮护,也不会为自己的思考所障碍。才能面对一切本来的面目,去做正确的反应。还能从不可自拔的各种依恋与嗜欲中,打开心境的空间,让福进来。

1. 放下成见

人们的鸡同鸭讲,最让人伤脑筋,也是最常见的问题。我们总是预设立场,按照自己的经验,来决定自己的行为。若能放下成见,用心去感受周遭的人、事、物,将会发现所遇到的每一个人,都有不同的生活与生存方式,以及不一样的思维习惯。掏空成见,自我归零,可以放宽视野的空间,放下过去的心结;尽释前嫌,事情才有转机。

2. 放空超重的欲望

年轻孩子心的背囊是空的,因为轻松,所以快乐。但随着年岁的增添,把自认为喜欢的东西、想要的东西,一路斤斤计较地捡拾起来,装进背包;背包一变得沉重,当然就轻松快乐不起来了。唯有放下一些内心的烦恼负担、超重的欲望，让包包轻松空旷，才能拾回身心的快乐。

3. 放下贵与贱之价值观

物以稀为贵。北海若曰:"以道观之，物无贵贱;以物观之，自贵而相贱;以俗观之，贵贱不在己。以差观之，

因其所大而大之,则万物莫不大;因其所小而小之,则万物莫不小。"所以最有价值的事物,不一定是眼睛能够看到的事物,摸得到的物质,就如同看得到表面的胜负,却看不到倒下去又站起来的力量,那才是最贵重的勇气与毅力。

4. 放下大小事的分别

再小的事、再不起眼的小角色,也有它存在的价值和意义。若只做举足轻重的事,不想做微不足道的事;只探讨最深奥的道理,不愿谈太肤浅的道理时,别期望能得到众人的护持。

有一只小蚂蚁不想与同伴一起工作,懒洋洋地躺在土里,从旁侧伸出一只腿来,很努力工作的同伴们问它怎么了?小蚂蚁回说:"待会儿大象来了,可以绊它一个跟头。"因为小事它不想做,只想做大事,它不知道天地之大,是很难用大小事来证明自己的。只有接受大家都是要互相依靠、倚赖的，才能臣服于生命，才能不必随时证明自己，而且有勇气做自己。

5. 放下喜欢与不喜欢

大事由小事做起。环保小事，更需及时教育。女儿告诉我，有一次在美国的超市买菜，结账时，她向小姐要了个塑胶袋装物品。前面结完账的老太太，回头笑笑地跟她说，为什么自己不带环保袋？当时她很生气老太太多管小闲事，但从此以后，她去购物一定会带环保袋，不会再忘记了。

我很感恩那位美国太太及时教育了她。这世界上说真话的人愈来愈少，我们总是习惯听到别人以为我们喜欢听的话，像这样愿意把握时机、挺身说真话的，已经非常稀有。虽是小事，但它比任何的机缘都更弥足珍贵。

6. 忍而无忍

古云:"小不忍则乱大谋。"

"忍"字是心上一把刀,得忍且忍,会内伤,不如忍而无忍,才是真忍。人遭遇不公平的指责、人格上的侮辱,能够忍气、忍辱,进而化为无怨,是一种韬晦、涵养、胸襟开阔和目光长远的忍者。有这样的自制力,面临任何困难或突发的状况时,定能理智地对待一切事物,保持运作的力量,是大智的表现。

7. 失去与拥有都要感恩

人都在失去的时候,才感觉到曾经拥有;人往往为失去的机会或成就而感叹,忘了为现在所拥有的感恩。物质的增与减不重要,智慧的增与减才重要,失去的不一定不再有，放下的不一定是软弱。

堂姐很高兴地打电话来，说她就职在美国的科技新贵女儿，竟然会说出感恩父母，培育她的成长，才有今天的她。堂姐很意外她女儿的改变，因为她女儿一向往前看，汲汲营营地想获得成就，跟人的沟通方式是疏离的、冷漠的，堂姐常束手无策，不知怎么教才好。最近公司让女儿去上了管理学的课，她学到的除了授权、信任、绩效等的方法之外，课程中最大的差异，是一位南加州大学知名的心理学教授，他强调要学会感恩，就如同右手要感恩左手捧碗，左手要感恩右手拿汤匙，才能吃饭般。人必须从不同立场、各种观点中找出该感恩的人与事，才能带领人心，成就事业。更要感恩原生的父母家庭，所带给自己的成长与学习，才不会错过彼此。这样的学习，拉近了彼此的距离，身为父母听了都好感恩。

可是，有人却因上课而疏远了人与人之间的距离。我的朋友卿玉，曾来电诉苦说公司里有位新进同仁去上了激励课之后，自己感觉获得很大的信心，终于敢说敢做，还可以活出自己。她因此劝卿玉也去上课，说："因为有感于你平常对我的帮助，我才敢直言劝你去上这种课，而我发觉你常畏首畏尾，凡事瞻前顾后，谦虚有余，难怪会成事不足，你该去上课。"她当着众同事面，不留面子地，一再提及此事，展现自己已经活出自信，并认为卿玉是最该去上课的。让卿玉受伤至深，时至今日不再与她交谈。卿玉忿恨地说，这样的激励课，活出自己的信心外，难道没教不要损别人的信心吗？

直话直说不叫直心，其实蛮伤人的心。

> 听话、说话要完整，不要只拣前一句、后一句，合起来刚好尖尖的刺进人心，创伤也就不可弥补。
> ——证严上人静思语

8. 真假不用辩

凡所有相，皆是虚妄的。人世间的事相，是真是假实难分。随着时间的更迭，有时候认定的事实也会更换，以真换假，假久了有时候也会成真。所以欲辨真假，反而自寻烦恼，能用心观赏各种人生的境界，才体会得到处处都有不可思议的机缘。

和爱人辩道理，是不想谈情说爱了。

和老婆辩道理，是日子不想过了。

和老板辩道理，是不想升官了。

和邻居辩道理，是不想见了。

和傻瓜争辩，到底谁是傻瓜？

9. 与病痛欢喜言和

身体的病痛难免，医疗也有极限，若是心结打不开，心也痛，便会过度反应，而加重病症，成为双层病痛。所以说，想法也会生病，心不专注于痛处，就不会有特别的感觉；若专注于痛处，就会有更多痛的感觉，痛感会增强，而且盘桓不去。改变思维，释放负面的情绪，找

出生命更深层的意义,并以欢喜心接受,相信定能减轻病情。

10. 无常是礼物

天地万物自有其生存之道,花开花落是自然法则,盛衰原本有轮替，能活在当下，才是生命存在的最大用。无常也许可以毁灭一个人，但常保有无常观，可以让人得以因领悟而重生。

11. 缩短伤痛

作医院志工的陈师姐，履次敲了单人病房门，伤患总是闭目养神，不理她，也从无家属来照顾，所以她特别留意他。于是，她故意不敲门就悄悄进入病房，发现他正凝视着天花板。陈师姐关心地问："徐先生，有没有比较好？用过餐了吗？"他的眼光总算转移了，是一位三十多岁的年轻人。

"不好意思！没敲门就进来，有没有吓到你？"他浅浅一笑："其实你昨天进来我都知道，只是我非常不舒服，所以故意闭着眼睛。"她看看他的伤势，大小腿都被石膏裹住，看来十分严重。

"还很痛吧?""是啊!但心更痛。"看他泪水浸湿了眼眶,红了鼻头。几经多次的交谈,他终于述说心中的痛了。

一星期前他开车从台北,陪同怀有九个月身孕的太太回花莲娘家,途中发生严重车祸,太太不幸当场不治,徐先生则被送来医院急救。

"那你现在还会感到惊吓吗?"

"是有一点,但对太太和孩子的愧疚感更让我心痛难挨。"此时徐先生大声地哭了起来,陈师姐在旁默默地陪伴。等他稍微平静时告诉他:

"上人说:'人的寿命长短就像订车票一样,有人搭得比较远,有人比较近。无论远近,到站时都要下车。'现在你的太太和孩子已经到站,若你仍依依不舍地难过、自责,她在天之灵也会难过的。"

"其实从发生事故以来一直无法入睡,导致眼睛很痛、头晕想吐,非常难受。"

"一定会这样的,不过你太太应该是希望你能将悲痛放下,赶紧养好伤,再出来继续为社会服务,而不要再为她难过了。是吧？"

"我太太人很好，她如果还活着，必定会劝我不要想太多，否则会太难过。"

"是啊！上人曾说'生者心安，亡者灵安'，你一直自责，她也无法放心，你忍心让她还在为你担忧吗？"他小声地表示同意，知道她会舍不得。

"既然如此，那我们朝'生死两相安'来努力，这样对双方都好。你平时有念佛或看圣经吗？你可以在心中默念佛号，或为她们默祷，请他带着你太太和孩子到极乐天堂，这样你的心才能够平静、他们的灵才能安。否则你体内火气旺盛，伤口更恢复得慢。"于是他选择学习默念佛号。

隔了几天，他向志工说已进步到可以完全正常入睡。聊天时，他赞叹这里除了医疗品质好之外，志工们的关心，也令他非常感恩。因此他想将太太五十多万的保险理赔，全数捐给慈济，让妻女们带着善业而去，他也要来学习做可以帮人缩短伤痛的志工。

12. 超越自己

这一生的成功不在于你超越多少人,而是超越了多少自己的习气,超越了多少我执,并且也协助多少人不断超越自己。

有个年轻人发现交往五年的女朋友,竟然移情与自己的好友相恋。

他不知道自己该如何自处,也不知该如何谈判或挽回。他痛苦万分,于是写信给我,希望能替他想个办法。我写了六个建议,希望能帮助他:

(1)你是有福之人:我觉得老天对你实在很厚道,在你尚未与她结婚前,就发现她的三心二意,你想,若与她结了婚才发现,岂不更烦恼加麻烦?

(2)过期的爱情:爱情本质一旦过了保鲜期,是需要转换或升华的,不然就会衰竭。逝者已矣,来者可追,有时候就让它归零,放爱一条生路,你才有活路。

(3)失去的未必是最好的:失去的不一定不再有,失去的未必是最好的,放下的也不一定是软弱,所以没有得失。

（4）宽恕：如果你想从别人对你的爱中，找回自己内心本具的爱，那就只有宽恕。原谅对方只是个平凡人，不是圣人，也会犯错，他们不知道自己在做什么。

> 原谅别人就是善待自己。
> ——证严上人静思语

（5）自己是生命的主导：收回自己生命的主导权。自己心情的喜怒哀乐，应该由自己决定，而生命的焦点不应该是小小的爱情，也不应该因别人的兴风作浪，而使自己不快乐。记得，没有人能使你难过。

（6）把小爱化为大爱：唯有大爱才能超越自己的苦痛，付出无所求的爱，去爱更多需要被帮助的人，练习付出没有条件的爱，福就更增加，快乐就更大。

> 爱情经常是一种感伤的教育，可是不求回报的爱，虽抵触着爱情的自私，但却能保住爱的本质而不致受伤害。

13. 放下忧伤

在美国北加州,一位自己开设计公司的朋友,来电诉苦,因为金融风暴的影响,让她的公司顿时失去许多客户。她很羡慕别人有靠山可以依赖,不必担忧;她只有离婚的前夫,留下房子的贷款和一对儿女让她独立抚育,而且从

来不闻不问他们的生活。她烦躁不安地说自己是烈士的角色，走不过去的苦，让她看不见未来。

不久，我打电话再次关怀她的状况，她说有位老朋友，带她当志工，去帮助贫困的人。他们在个案家，看到一位在硅谷上班的年轻工程师，因轻微的感冒，回到家躺下休息后，就此昏迷不醒。他的父亲也轻微中风，尚无法完全自立，母亲照顾儿子三个月，眼看快累倒了，弟弟想辞职与母亲轮流照顾，但又担心家计，对于未来，他们真是一筹莫展。那位母亲唯一的渴求是："只要他能清醒过来，喊我一声妈，我愿意交换自己的生命财产，不惜任何代价。"

看到躺在床上那位眉清目秀的年轻人，她忍不住泪流满面，她说终于体会自己是有福的，家人都平安健康是多么不容易。这样的经历，让她知道，只要没失去健康，生命就是自由的，就有无限的可能。活在当下的信心，就这样建立起来。

她说老天其实对她是蛮照顾的，她一个人可以把孩子平安地带大，她的前夫至今还常三餐不继。从前那些日子，再大的风浪，她都熬过来了。她更领悟到，除了有信心，还要能感恩；因为感恩，让她的心可以释放忧伤的情绪了。

知道感恩拥有，有些人是先知先觉；有的人必须去体验，才能后知后觉；更有人，遇到了困境，不知不觉地把内心的空间都塞满怨愤，看不到自己拥有的，只看到所欠

缺的，激发更多的焦虑，把未来也填进了忧愁。

老天对人类有不完美的设定，因此生命才有惊奇的变化，多彩多姿，充满无限的可能。宇宙也有不完美的变化，愈变愈不一样，就像蜘蛛网不会永远是一个样子；长期的演化，有的只是更好，却不是最好，因为最好就不用改变了。

圣者说："能够承担别人重负的人，他的生命绝对没有浪费。"

> 人生富足之道，不在于物质，而在于自心。
> ——证严上人静思语

14. 向未来借喜悦

年前，我认识了一位三十多岁的未婚女子，听说她相亲多次，至今还没找到适合的对象结婚，眼看同学一个个结婚，岁月逐渐老去，于是她想去开双眼皮，让自己改变漂亮一点。意外的是医生说，她眼皮的脂肪太厚，开刀的费用较高，大约需花十五万元（新台币），她没那么多钱，又不想用贷款的，于是她想出了奇招，她想向同学与亲朋好友们，先预收结婚的红包钱。

"没有不合理，反正我迟早要结婚，就预先收了，他们的婚嫁我都有送红包，即使我结不成婚，也只是回收了我往年付出的红包钱嘛。"乍听之下，她不想让付出的红包，白白吃亏了。可是在这样的时代，有人愿意为这种对未来还不可知的喜悦又很虚拟的点子买单吗？我不知道。

我还认识一位志工师姊，当她获知自己是癌症末期来日不多时，她为自己开了一场告别式，不仅向亲朋好友们告别与感恩，而且还请他们上台，分享对她这一生的心得，大家都说出她的善行与令人怀念的温馨情谊，让她感动得喜悦满怀，热泪盈眶。

"与其在死后才听好话，还不如先听先开心，好让自己带着欢喜心与世人告别。"当然她没有预收奠仪，她只是向未来回收生前的喜悦。

　　她向子女们说明已不需要任何公祭仪式,或瞻仰遗容等的劳师动众。她用自己的方法主导了自己的告别式,她让子女们相信,她已很有福,也会往生到有福的家庭,离开这世界她已没有一点遗憾了。

九、多用心,祝福总在放下后

十、福至心灵篇

福至心灵成语的解释是人福气来了,心也变得灵巧了。我也相信守住心的清澈敏锐,也能福至而心想事成,但相信需要时时守住祝福的要件有十二种。

1. 宁静致福

让心常保持清水般清澈明净的特性，才能如实地看待事物，才能提升自己的领悟力与觉察力，开启智慧，更贴近天的心，而能洞悉福的所在。

2. 热忱招福

如果对人生的热忱有摄氏一百度的爱，那么心就会成为水蒸气，成为云朵，轻快地飞起来，凌空飞翔于无边际的天空，俯瞰辽阔大地。他的心世界和宇宙一样博大，他的福也没有边界。

3. 谦虚纳福

弯腰是让自己的心空下来，虚心请益。心存谦虚者，不将个人利害放在第一，容易得到人们的谅解与宽容；人们都喜欢谦虚的人，不喜欢与有才华但傲慢的人相处。常会受到祝福的人，谦虚是必备的品德。

4. 内省进福

向内心省察自己的思想、言行有无过失。

孔子很注重这种内心的道德修养,要求人们"内省"、"自论"。回归本性,向内探寻自己的力量,才是最明智的抉择。

向外观事物,向里观内心,留一只眼睛看自己,是在于彻底看清自己的内心,随时可以自我调整,让福进来。

5. 忏悔见福

忏悔是承认错误之后,要负起责任,而且要改过。

犯错时要生出忏悔心,虚心接受,欢喜接受,才能清净无烦恼。

忏悔是心灵的告白,也可以说是扫除污染而见福。

6. 虔诚接福

虔诚是一种纯洁、认真、坚忍及无所求的心。

> 唯有让心宁静,才能听得到大自然的声音;唯有让心虔诚,天地才能听得到您的声音。
> ——证严上人静思语

7. 耐心延福

在生活中,有许多令人烦躁的人与事,但住在这个仍处于修炼中的堪忍世界里,虽然受尽折磨,但还可以忍受。上天,往往不会给人无法承担的重量,若能培养耐心,面对各种修炼,则福延续绵绵。

8. 包容大福

伟大的心量,像海洋一样博大、深远,永远也不会有瓶颈,那是因为不落入凡夫的小情小爱,但对人世间却有长情大爱,包容大福。

9. 感恩迎福

多一分感恩心，就多一分好心情，感恩会引来正面的能量。现在就要感恩，每件事的发生都是为了某种因缘而起，都有让心灵成长的意义，所以要惜缘且感恩。

10. 恒心成福

能将愿望转变成事实的人，都有一颗百折不挠、锲而不舍的恒心，就是守之不动的决心。世上没有任何事可以取代恒心，无论才华、勤奋、教育，学习若没有恒心，是无法成就的。

人心最难保持住的就是恒心，若能恒持守住自己初发的那一念心，有所为才能有所不为。

留一只眼睛看自己,是在于彻底看清自己的内心,随时可以自我调整,让福进来。

11. 付出富足

花钱替自己买快乐是短暂的,是物欲上的暂时满足而已;只有愿意出钱出力去为苦难的人付出,那种快乐是从心灵底层发出的喜悦,才是一种真正的富足感觉。其实,在他人遭受到无常之苦时伸出援手,也会找到自己心灵的慰藉和宁静。并非心灵已富足才要付出,而是付出才能感到富足。

12. 知足有福

老子说:"名与身孰亲,身与货孰多,得与亡孰病,甚爱必大费,多藏必厚亡,故知足不辱,知止不殆,可以长久。"中国人说:"知足常乐。"《圣经》说:"只要有衣有食,就当知足;那些想要发财的人,就陷在迷惑,落在网罗,贪财是万恶之根。"证严上人说:"知足的人懂得自我祝福,有信心就有福,不会怨天尤人;有信心就有警惕心,才不会犯错,若是样样觉得比不上别人,这是不知足的人。"能知足者定能随遇而安、快乐有福。

后记
感恩幸福的世界

无论现在的状况是什么,请抽离出来,回首算一算自己拥有的幸福数量,列出接收到的十项幸福清单,我们会发现老天给了很多看得见与看不见的美好事物,而且绝对超过十项以上。从早上醒来,阳光、空气、水、食物……老天还有给更多更多祝福的能量,甚至于一花一叶、一草一木,无不都在为天地呼应着祝福。只要检视一下自己的生活状态,凡事都蕴含着祝福,都值得感恩,即使是错误的表相,也都有恩赐在其中,如果时时表达感恩会让生命更充满正面能量。

感恩一点点,生命就会改变一点点,感恩愈多,得到的丰盛也会愈多。如果还有遗憾的,相信其中的一项原因是缺乏感恩,那就只好向已无法挽回的,致最高的祝福,没有感恩就不会有持久的成功。但我们须切记最高的感恩来自实践，付出行动，而非语言而已。

本书中的十项祝福法则，是对于现在所做的与过去所累积的习惯与问题，逐一解开实践密码，让幸福涌现。如果有某项法则想改变或改善的，请记在自己的清单上，祝福并感恩它，努力去执行，事情才有可能改变。

要多祝福自己，别人的祝福也许只有一次，自己祝福自己，可以无限次，可以得到无量寿的福。

谨以本书用心祝福您福慧圆满！天天活在幸福的世界中。

图书在版编目(CIP)数据

用心祝福/林幸惠/文·摄影. —上海:复旦大学出版社,2013.8(2018.8 重印)
ISBN 978-7-309-09829-7

Ⅰ. 用… Ⅱ. 林… Ⅲ. 人生哲学-通俗读物 Ⅳ. B821-49

中国版本图书馆 CIP 数据核字(2013)第 137561 号

用心祝福
林幸惠 文·摄影
责任编辑/邵 丹
复旦大学出版社有限公司出版发行
上海市国权路 579 号 邮编:200433
网址:fupnet@fudanpress.com http://www.fudanpress.com
门市零售:86-21-65642857 团体订购:86-21-65118853
外埠邮购:86-21-65109143 出版部电话:86-21-65642845
上海丽佳制版印刷有限公司

开本 890×1240 1/32 印张 5.5 字数 75 千
2018 年 8 月第 1 版第 4 次印刷
印数 11 301—14 400

ISBN 978-7-309-09829-7/B·472
定价:28.50 元

如有印装质量问题,请向复旦大学出版社有限公司出版部调换。
版权所有 侵权必究